会 讲 故 事 的 童 书

历史少年

我在商朝当巫师

明小叔 著

光明日报出版社

图书在版编目（CIP）数据

我在商朝当巫师 / 明小叔著 . -- 北京：光明日报出版社, 2024.3

（历史少年）

ISBN 978-7-5194-7723-3

Ⅰ.①我… Ⅱ.①明… Ⅲ.①风俗习惯史—中国—商代—少年读物 Ⅳ.① K892-49

中国国家版本馆 CIP 数据核字 (2024) 第 031826 号

历史少年·我在商朝当巫师
LISHI SHAONIAN·WO ZAI SHANGCHAO DANG WUSHI

著　　　者：明小叔	
责任编辑：谢　香　孙　展	责任校对：徐　蔚
特约编辑：邓颖俐	责任印制：曹　诤
封面设计：李果果	

出版发行：光明日报出版社
地　　址：北京市西城区永安路 106 号，100050
电　　话：010-63169890（咨询），010-63131930（邮购）
传　　真：010-63131930
网　　址：http://book.gmw.cn
E – mail：gmrbcbs@gmw.cn
法律顾问：北京市兰台律师事务所龚柳方律师
印　　刷：天津鑫旭阳印刷有限公司
装　　订：天津鑫旭阳印刷有限公司
本书如有破损、缺页、装订错误，请与本社联系调换，电话：010-63131930
开　　本：146mm×210mm　　　　　　　　　　印　张：43.5（总）
字　　数：660 千字（总）
版　　次：2024 年 3 月第 1 版
印　　次：2024 年 3 月第 1 次印刷
书　　号：ISBN 978-7-5194-7723-3
定　　价：298.00 元（全 6 册）

版权所有　翻印必究

梗概

　　六一跟小满是哥儿俩，跟随爸爸来到三星堆考古现场参观，不料穿越到了古代。他们来到大商武丁的时代，跪在地上等着砍头。六一急中生智，躲过一劫，并获得大祭司妇好的青睐。他们被妇好赐予大商王族的"子"姓，并送入巫师学院学习。学有所成后，妇好让他们穿越到商汤时代寻找玄鸟宝杖。在商汤时代，他们参与了灭夏的战争。商朝建立后，他们跟伊尹定计，铲除了阴谋复辟的夏朝遗老，并设法拿到了宝杖。可等他们回到武丁时代的时候，妇好与蜀方的战斗已经打响。妇好中了蜀方圈套，眼看商军要葬身大河，幸亏哥儿俩及时赶到，让妇好免于战败。妇好战胜蜀方，裹挟余威去攻打鬼方，结果负伤而死。她临终召见他们，祈求他们帮助延长大商国祚。他们不惜代价穿越到帝辛时代，想尽一切办法阻止商朝灭亡。虽然子六据理力争，但无法说服帝辛。姬发蓄谋灭亡大商，写信给子六，要他们做内应，被断然拒绝。商与周在牧野展开决战。朝歌城破之日，帝辛败退，准备在鹿台自焚。子六和子满也被架上了火堆……

目 录

第 1 章 恐怖呼喊 001

第 2 章 钺下留人 020

第 3 章 巫师学院 040

第 7 章 瞒天过海 117

第 8 章 及时赶到 134

第 9 章 回到未来 153

第 4 章 **特殊任务** 061

第 5 章 **鸣条大战** 080

第 6 章 **围鼎夜话** 098

第 10 章 **傲视天下** 169

第 11 章 **鹿台之火** 186

第 12 章 **尾声** 207

后记 210

博物索引

商铜纵目面具 017

妇好大铜钺 028

鸮鹦提梁卣 032

虎首人身像 036

青铜神树 013

「妇好」三联甗 037

妇好铜偶方彝 044

妇好玉凤 072

青铜立人像 139

甲骨卜辞 049

妇好玉龙 073

四羊方尊 052

青铜太阳轮 138

嵌绿松石兽面纹铜牌饰 124

青玉簋 163

利簋 201

第 1 章
恐怖呼喊

①

我的父亲参与了从 2021 年春天就开始的三星堆 3—8 号坑的发掘工作，使得我跟弟弟有机会去四川省广汉市三星堆的考古现场进行实地参观和学习。

我们关注三星堆遗址已经很久了，可万万没想到这么快就能到实地参观——我们一直以为要等我们年龄再大点儿，爸爸才会带我们去参观。这可是一次千载难逢的好机会。我跟老弟心潮澎湃，掰着指头数日子，盼着暑假早日到来。

可是，时光老人好像偏偏要跟我们作对似的，他老人家步履蹒跚，我们度日如年。好不容易盼到了期末，我们又害怕因为期末考试成绩可能不佳而使行程泡汤——我们老妈对考试成绩可敏感了，万一达不到她老人家的标准，我们恐怕哪儿都去不了。总之，在没有到达三星堆遗址之前，一切都存在变数。

对了，忘记介绍一下我跟我"聪明绝顶"的老弟了。

我叫六一，正在读七年级。熬过了漫漫六年的小学生涯，以为到了初中可以喘口气了，却发现初中的学业更加繁重。我羡慕我的爸爸，他可以到处跑——哪里发现古墓了，哪里发现文物了，哪里出现不为人知的东西了，他都会被人请去进行研究，回来跟我们讲述一番，让我们敬佩得五体投地，大为艳羡。

在爸爸的熏陶下，我从小就对考古、文物感兴趣。小学的时候，同学们都叫我"小百科"，因为什么刁钻古怪的事情我都知道，当然了，这要感谢我爸爸书房里的那些"精神食粮"。我不爱跑出去玩，也不爱宅在家里看电视、打游戏，只要有空余时间，我就会窝在爸爸的书房里遨游书海，从来没有厌倦过。

到了初一，在开学初的一次博物馆参观活动中，我为同学们免费做讲解，讲得精彩又有趣，深受同学们的喜爱，被他们赞为"小博物学家"。我非常喜欢"博物学家"这个拉风的称号，只是嫌那个"小"字太碍眼。我的理想就是将那个碍眼的"小"字去掉，成为名副其实的、大名鼎鼎的、像我爸爸一样的"大博物学家"！

我的老弟呢，名字叫小满，小调皮一个，刚上三年级，整天不喜欢老实待着，不是正在捣蛋，就是在要捣蛋的路上，好在，在爸爸和我的熏陶之下，他对考古文学也很感兴趣，只不过他的屁股就像长了刺一样，不能坐在同一个地方超过30秒，否则就会"疼"得跳起来。我这个老弟头脑灵光，反应速度快，勇于接受新事物，可就是有一样，胆子小得可怜，什么事情刚有一点风吹草动，他就会找地方把自己藏起来。他常说的一句话是：安全第一。我常常揶揄他："胆小不得将军做。"他反唇相讥："小心驶得万年船。"这小子，总能为自己的"胆小"行为找到借口。

好了，我们哥儿俩就算是介绍完了。妈妈常说我们俩是爱做梦的孩子，不知道这话是好还是坏，我这个人还是乐观的，总把这当好话听。小满就不一样了，他总觉得妈妈是在讽刺我们。

记得哪位"先哲"说过：时间就像肯德基的甜筒一样，舔一嘴少一嘴。可是，学习生涯这杯"苦涩"的"甜筒"什么时候才能被我舔光呢？我的书桌上放着一个小日历，每过完一天，我就用红笔浓浓地在上面画上一笔。可喜的是，用不了多久就会全红了。关键是——到底还需要多久？神啊，让时间机器加速运转吧！

小满倒是满不在乎，因为他最近正在研究一项"新课题"——萤火虫种类大全。每天放学回到家，他理都不理我们，一头扎进自己的小屋里，研究个没完。

有一天我实在忍不住闯了进去，哎呀妈呀，只见他屋子里的墙壁上、天花板上、书橱上、桌椅板凳上、台灯上、窗帘上，凡是眼睛能看到的地方，都被"萤火虫"占领了。我问他："你这是要加入萤火虫族吗？"小满嘿嘿一笑："错。我连萤火虫的远方表亲都找出来了，你看——"他指了指墙壁跟天花板相交的地方。我揉了揉眼睛仔细观看，可不是嘛，荧光乌贼都上了他的"分类大全"。

我摇了摇头，叹了口气："老弟，你要是再不务正业，咱们的三星堆遗址之行，恐怕真的要泡汤了！"小满吓得一吐舌头："老哥，我这两天就完事了，期末成绩兴许差不了！"

"但愿吧！"我拍了一下他的肩膀，无奈地说道。

2

当我们踏上三星堆遗址大地之时，之前急急切切盼望出发的日子恍如昨日。

考试成绩这回事，我向来不放在心上，我只关心老妈让不让我出发。事实证明，我的担心是多余的——老妈的英明伟大，远远超出了我跟老弟所能揣测的上限。

现在，我跟老弟的处境成功地从双雄时代转变为老爸独裁。老爸这个人呢，简单概括起来有两个特点：一是他的性格就是我跟老弟两个人加起来的合成版和加强版，爱玩跟亲和的程度是久经考验的；二是他的专业水平很高，在他的领域属于权威人物，这就注定他总是忙得不亦乐乎。这也是我们乐于归他领导的原因——我们可以不受管束地疯玩！

不出所料，刚到三星堆遗址，爸爸就被考古队的人叫走了。临走的时候，爸爸也顾不得说什么，只给我们撂下一句话："听从安排，不可乱闯！"

我跟老弟齐声答应。老爸的身影刚从我们的眼前消失，小满就说："老哥，你发现没有，这里的空气有点儿不对头！"

我一时没明白，问他："空气不对头？你指什么？难道我们呼入呼出的气体出了问题？要不就是挖掘文物的时候把远古的气体释放出来了，被我们呼吸进肺里，要发生变异了？"

小满抓住我的胳膊："老哥，你可别吓唬我。我只是觉得这里好紧张。"

我笑道："当然紧张了，你最近没看新闻，光顾着整你那些萤火虫了。这里刚发现了六个祭祀坑，够老爸他们好一阵忙的。你没看见吗？我们刚来，连饭都没吃，老爸就被叫走了。"

"新的祭祀坑有什么好紧张的，挖掘不就行了吗？"

"你说得倒简单。据说新的祭祀坑与之前的两个大不相同，考古队的任务之一是尽可能地发掘带有文字的文物，这可不容易。一个文明成熟的标志就是有文字，这可是三星堆遗址的弱点。新的祭祀坑被寄予发现文字的厚望，你说考古队能不紧张吗？"

"这么说老爸在3号祭祀坑了？"

"八九不离十吧。你别问这问那的了，咱们直奔1号祭祀坑，从头开始看起吧。"

我们七拐八拐地来到1号祭祀坑，文物早在1986年就被考古专家清理走了，放在三星堆博物馆里对外展览，现在只剩下一个土坑在那里，外面罩着一个巨大的玻璃罩子。

小满啧啧称奇道："这么一个不起眼的土坑，出土的文物竟然震惊了世界。"

我不以为然："这有什么稀奇的，2号坑更厉害，未来的3号坑、4号坑……更惊艳我们也不一定！"

"还用等将来吗？青铜已然晃花我的眼了！"

"你小子净说大话。说说，怎么晃花你的眼了？"

"哥，平心而论，在你读过的书中，见识过的事物中，甚至在你那博古通今无限广阔的大脑里、想象中，可曾见过这样一棵树没有？不用说超出我们认知的青铜铸造技术，就单单这树的形状，是不是就让我们叹为观止了？"

我虽然觉得这话有些夸大，却也不得不表示赞同："青铜神树的出土确实震惊了世界，但你小子滔滔不绝，见识却也有限。平时就让你多读点儿书，你就知道瞎鼓捣。这青铜神树虽然造型奇特，却也不是无源之水。"

小满忙说："老哥，快给我讲讲源头！"

此时日头已经偏西了，鸭子河和马牧河的淙淙流水萦绕耳畔，仿佛四千年前的古蜀先民在跟我们面对面地低语。岸边老树上的乌鸦发出几声凄厉的叫声，扑棱棱飞走了。

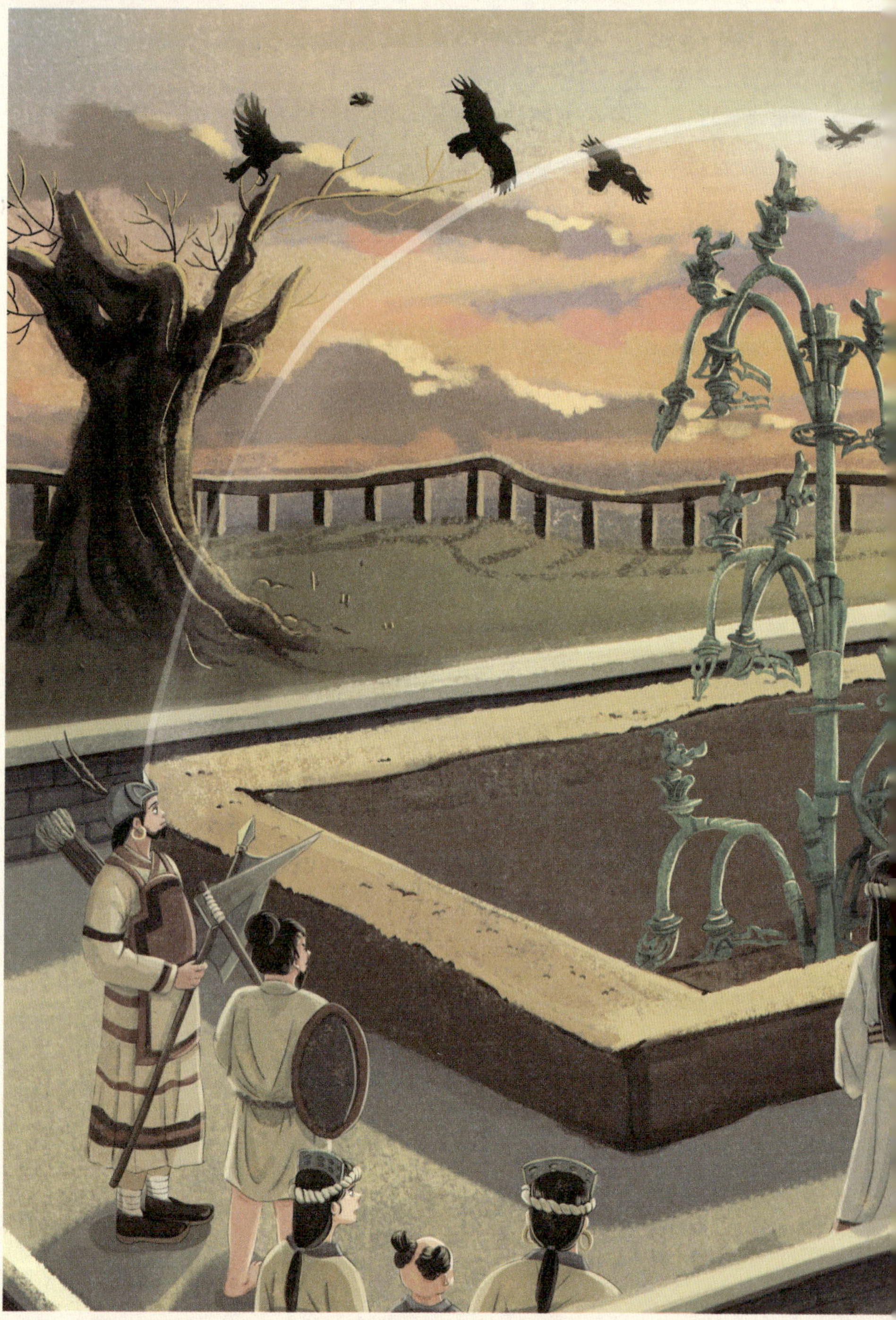

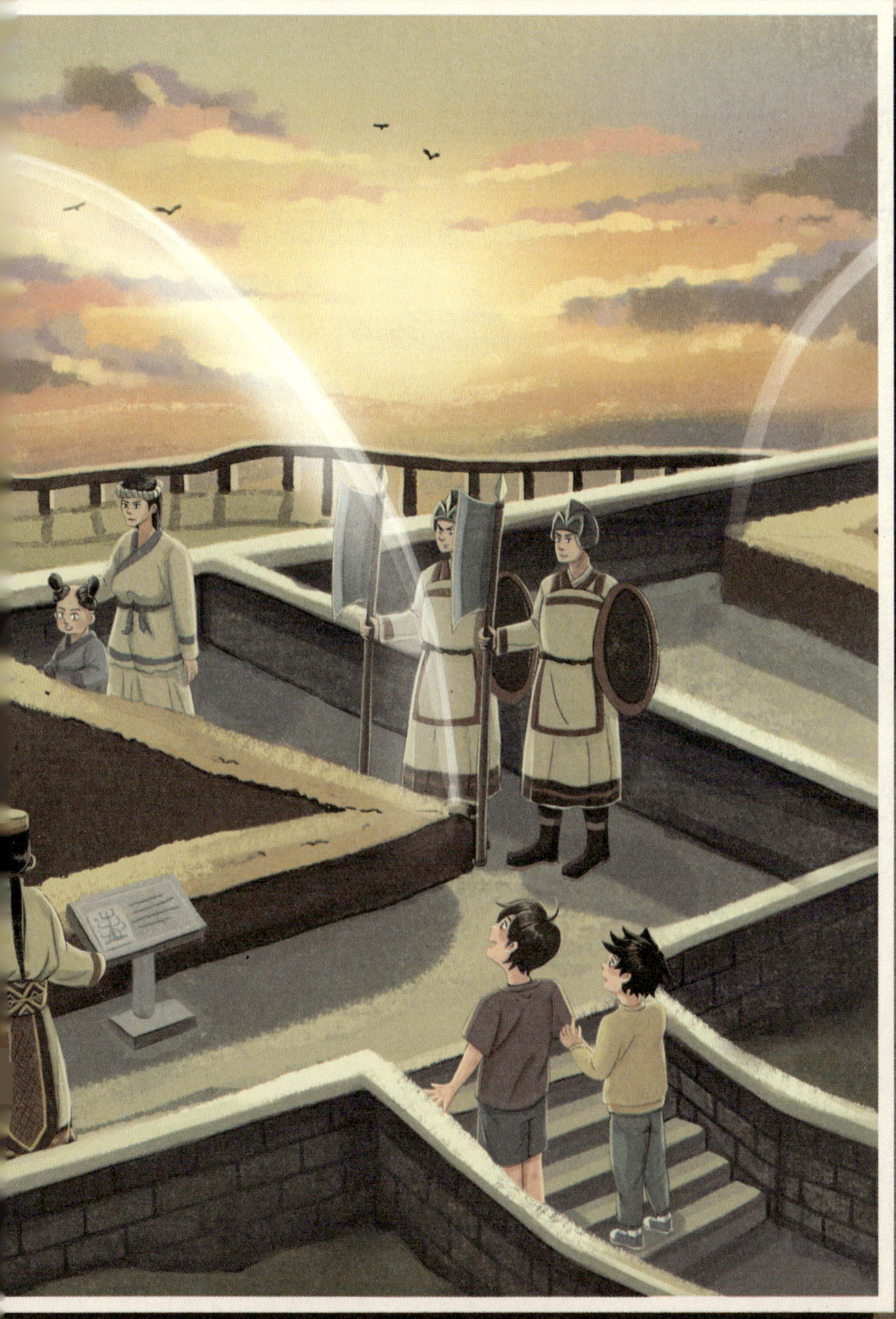

此时此刻，突然从坑底刮起了一阵旋风，左冲右突，上下旋舞，发出呜呜的声响。

小满一害怕，躲到我的身后，嘴里还说："老哥，安全第一！"

我拉住他的手："一阵儿旋风有什么可怕的？青铜神树的故事你还听不听？"

小满瞧了瞧四周，小心翼翼地说："听！老哥，你可别讲得神神道道的。"

"你真是胆小如鼠！这棵青铜神树是三星堆博物馆的镇馆之宝，由底座、树和龙三部分组成，树顶略有残缺，底座仿佛三座山相连，主干三层，节节攀升，树枝分为三层，每层三枝，树枝上分别有两条果枝，一条向上，一条下垂，果托硕大，全树共有九只鸟，站立在果枝上，一条龙沿主干旁侧而下，蓄势待飞。

"这棵神树挖出来的时候，已经有所缺失，专家花费了十年时间才把它复原。想想看，我们为了盼暑假而度日如年，专家们却十年如一日地复原神树，这是何等的精神和耐力！青铜神树不但是古蜀先民高度文明发展的写照，也印证了中国古籍《山海经》里面的某些记录和传说并非无中生有。

"《山海经·海外东经》曾记载：'汤谷上有扶桑，十日所浴，在黑齿北。居水中，有大木，九日居下枝，一日居上枝。'《山海经·海内经》也载：'有木，青叶紫茎，玄华黄实，名曰建木。百仞无枝，上有九欘，下有九枸，其实如麻，其叶如芒。大皞爰过，黄帝所为。'《山海经·大荒东经》载：'汤谷上有扶木，一日方至，一日方出，皆载于乌。'可见这神树是大有来头的。

"你记不记得爸爸给我们讲《山海经》的时候曾经说过，中国神话里一位地位很高的神——帝俊，跟他的妻子羲和诞育了十个太阳；跟他的另一位妻子常羲诞育了十二个月亮。因此羲和被称为'太阳之母'，常羲被称为'月亮之母'。可是，如果天空中出现十个太阳，人间怎么受得了？为此，帝俊就让九个太阳栖息于神树之上，一个太阳照于当空，繁育万物。然后太阳们一个一个地轮换、值班。"

小满打断了我："不是吧，我怎么记得是后羿射日呢——后羿射掉了九个太阳，只剩下一个太阳当空照着，人类才从炎热和焦枯中得救。"

我拍了拍小满的头："你说得也没错，只是不全面。要不你去搞个导弹来，看能不能射中太阳？"

小满把头摇得跟拨浪鼓似的。

"对啊，太阳是不可能被射中的，激光制导导弹都办不到，原始社会的弓箭怎么能行呢。姑且说之，姑且听之罢了。不过，先民大无畏的开拓精神和勇气确实值得我们好好学习。"

3

我们溜达到了2号祭祀坑。

小满刻意提醒我："老哥，这可是你最喜欢的那件商铜纵目面具出土的地方，此时此刻你是否心潮澎湃呢？"

我们在来三星堆遗址之前做了大量的功课，各自选出了自己最喜欢的出土文物。小满选的是青铜神树，而我选的就是商铜纵目面具。

我告诉小满："别跟哥拽词儿。我可是做了功课的，不像你，一问三不知！"

小满摆出鬼脸："没办法，谁让我有个聪明无敌的哥哥呢。"

这话倒让我无法反驳，也懒得反驳——我这人最大的毛病就是听不得奉承。这样可不对，也不好，但我就是改不了，老爸总说媚词谀言害人不浅，我也懂这个道理，可好

青铜神树

　　青铜神树1986年出土于四川广汉三星堆遗址二号祭祀坑,被考古学家鉴定为商代晚期文物,它是国家文物局公布首批64件禁止出国(境)展览文物之一。青铜神树一共有八棵。其中一号大神树高3.96米,树干残余高3.84米。有三层枝叶,每层有三根树枝,树枝的花果或上翘,或下垂。三根上翘树枝的花果上都站立着一只鸟,鸟共九只(即太阳神鸟)。神树的下部悬着一条龙,龙的头朝下,尾在上,夭矫多姿。使神树显示出非凡的魅力与深厚的象征意义。

　　现藏于三星堆博物馆。

话一到了我的耳朵里，我就心软了。

"小鬼，嘴真甜。你看，下学期的零花钱是不是给你这个聪明无敌的老哥花一些呢……"

没等我说完，小满就跑到坑对面，隔着祭祀坑跟我说："老哥，你休想！那可是我完成学习任务、做家务、遵守各种规矩才挣来的，你可不能打那些血汗钱的主意。"

我知道这小子抠门儿，倒也不生气，继续参观。

天色已黄昏，起风了，把聚集了一天的热气渐渐吹散，终于有点儿凉意了。站了半天，我着实有点儿累了，就寻了一处土堆坐着。

小满怕我贪他的零花钱，离我远远的，又怕天黑，时不时瞟我一眼。

"噫吁嚱，危乎高哉！蜀道之难，难于上青天！蚕丛及鱼凫，开国何茫然！尔来四万八千岁，不与秦塞通人烟。西当太白有鸟道，可以横绝峨眉巅……"

我吟诵得正投入，小满凑了过来，拍了拍我："老哥，你没发烧吧？怎么突然魔怔了，说起了'鸟语'！"

我一把抓住他："什么鸟语？这是诗，李白的诗！"

"诗里怎么还会有鸟道，我还以为是你发热胡诌的呢。"

"你懂什么，这里说的是古蜀国的历史。诗中的蚕丛和鱼凫都是古蜀国的先王，尤其是这个蚕丛，可能就是古蜀国的建立者，还有更关键的，他是纵目人！"

小满紧紧地抓住了我的胳膊："老哥，什么是纵目人，你说得这么神秘，外面天又黑了，是不是想吓我？"

我摸了摸他的头："没关系啊，有哥在，你不要怕。纵目人也没什么稀奇的，不过是人的眼睛往外凸得太厉害了，后人描写得再夸张一点儿，就成了纵目了。"

"可是，出土的商铜纵目面具，那个伸出来的眼睛不是有16厘米长吗？那可不是普通的外凸啊。"

"小鬼头，居然还有思辨能力了，可喜可贺。我告诉你，面具是当时祭祀用的，祭祀面对的是鬼神，当然要夸大一下。你仔细端详那面具，无论是耳朵、鼻梁、鼻翼、阔口、舌尖，都是把古蜀人的特色给突出了、夸大了。"

"古蜀人都长这个样子吗？"

"当然是把古蜀人给典型化了。有一本古书，叫《华阳国志》，上面这样记载古蜀王：'蜀之为国，肇于人皇……周失纪纲，蜀先称王。有蜀侯蚕丛，其目纵，始称王。死，作石棺、石椁，国人从之，故俗以石棺、石椁为纵目人冢也。'你想想看，蚕丛王'其目纵'，跟三星堆出土的纵目面具是不是同出一源？"

小满充满了疑惑："难道除了《华阳国志》，就没有别的古籍有相关的记录吗？"

"有啊，《山海经·大荒北经》中也有关于纵目的记载，不过它记载的是一条龙，而非一个人：'西北海之外，赤水之北，有章尾山。有神，人面蛇身而赤，直目正乘，其瞑乃晦，其视乃明，不食不寝不息，风雨是谒。是烛九阴，是谓烛龙。'这条名叫烛九阴的神龙有一双独特的眼睛，直目正乘，晋代郭璞注解道：'直目，目纵也。'可见，烛九阴是条纵目之龙，跟蜀王蚕丛极为相似。"

"难道蜀王蚕丛是烛龙的后裔？"

"你这榆木脑袋终于开窍了。这也是一种可能啊，只不过现在还证明不了。其实，你看看甲骨文里的'蜀'字，上面是个竖着的'目'字，下面是一个'虫'字，代表一种蛇，整体上简直就是一个纵目之蛇的形状，蛇在古代跟龙是同族，又称'小龙'，纵目之蛇即为纵目之龙，纵目之龙即为烛龙，从这个线索推断，或许烛龙正是古蜀先民的图腾。你想想看，当古蜀国的大祭司带着这样

商铜纵目面具

为三星堆"六大国宝"之一，宽138厘米，高66厘米，眼睛呈柱状向外凸。一双雕有纹饰的耳朵向两侧充分展开，造型雄奇，威严大气，是三星堆出土的青铜面具中形体最大的两件之一。现藏于三星堆博物馆。

精绝雄奇的纵目面具载歌载舞的时候，是不是很快就能通灵了？"

这时天已经完全黑了，昏鸦归巢，发出"呱呱呱"的叫声，让人顿感阴森恐怖，我跟弟弟穿着单薄，此时一阵寒意袭来，小满靠近我，紧紧抓着我的手。我想，此时此刻让他分享他的零花钱，他一定不会吝啬了。

小满低声说："老哥，你刚才说龙啊蛇啊，巫师、通灵什么的，多吓人啊！这里可是祭祀坑，你胆子可真大！"

我这胆小老弟的话音刚落，就听一阵"咚咚咚"的声音，仿佛擂鼓一般震天撼地，也不知道从哪里发出来的声音。我虽然胆子大，但也感到一阵恐惧，就把弟弟抱紧了。

更可怕的是，几声霹雳过来，祭祀坑里的电断了，眼前变得一片漆黑。

我们抱得更紧了，小满吓得声音都变了。我也开始害怕了，腿肚子直转筋。我强迫自己镇定下来，回忆进门的方向。可是太黑了，我什么都看不见，就连刚才偶尔的闪电都没有了，外面狂风怒号，猛雨敲窗。我的小心脏跳得突突的，一颗心仿佛提到了嗓子眼。

我突然觉得脚下的土在动——难道地震了？同时一阵奇特的声音，从祭祀坑的深处传来——"大祭司，高抬贵手，饶命吧！""巫师王！发发慈悲吧"……

这种呼救声此起彼伏，每一声都在泣血，凄惨无比。

这时，一道光芒从天顶劈到远处的大地，霹雳又响起，接着雷声裹挟着呼救声把世间万物都给淹没了。

又是一个霹雳！轰——隆——隆——

看着那道光芒，我俩就像被这个霹雳击中一般，脑袋一阵眩晕，不省人事了。

第 2 章
钺下留人

① 1

不知道过了多久，也不知道发生了什么，当醒来的时候，我们正跟一群奇装异服的人跪在同一行列里，双手被反绑在身后，脖子上戴着沉重的枷锁。

这些奇装异服的人都是年轻力壮的男性，他们有的赤裸着上身，有的身上穿着粗葛制的衣服，没有领子，一条草绳系在腰里，下身穿着短裤，是用兽皮做的，赤着脚，脚毛一丛丛的，全都沾满了泥滓。同样的反绑，同样的枷锁，只不过头上的发型很奇特，差不多整个都被剃光了，只留着头顶上从额头到后脖颈子的一长块头发，上面还编着小辫子，有的平拢在头顶，有的朝上撅着，有的朝后耷拉着。

这些人的脸上堆满了恐惧，眼睛遍布血丝，鼻孔张大，大都往外翻着，脸上印着烙印，只不过有的是新烙的，有的是很久以前的疤痕。

小满恐惧地看着这些人，偷偷凑到我耳边说："老哥，疯狂原始人！"

我瞪了他一眼，努努嘴，示意他往上看。

小满费劲巴拉地抬头往上看，顿时被不远处高台上的情景给惊呆了。

高台上立着一个大铜柱，因为小满戴着枷锁，头抬高的程度有限，只能感觉这个铜柱上可摩天，柱体底部是个台基，上面盘着昂首顾盼的飞龙，然后一柱擎天，雕满了黑色的飞鸟。铜柱的顶部应该还有什么东西，可惜当时看不到。

铜柱的前边一点，立着一个青铜鼎，足有现代的一架三角钢琴那么大，被打磨和擦拭得锃亮。四个鼎足如虎爪一般牢牢踞在台上。正对着小满的这个鼎面，浮雕着一个大大圆圆的人脸，鼻直口阔，眼光深邃神秘。小满觉得好像在哪儿见过这张脸，可就是想不起来。

鼎里面好像在焚着什么东西，一缕缕青烟曲折上浮，散出的异香虽然离我们很远，并且被我们周围这些"疯狂原始人"的汗臭、脚臭的味道阻隔，但仍不绝如缕地沁入心脾，让我们无比恐惧的心情稍微有所缓解。

鼎的两旁各立着一排武士，铜盔铜甲，只能露出他们的眼睛，一个个警觉勇武。每个武士手里都擎着明晃晃的铜钺——一种非常厉害的冷兵器，青铜制造，就像现代的斧子一样，不过更宽更圆，连着手柄的部分粗厚，越往边缘越锋利，到了钺锋的位置简直可以削铁如泥了。铜钺上雕着玄鸟飞龙，边缘还有像云一样的花纹。钺面闪亮，距离虽远，但上面的纹理清晰可辨。铜钺的手柄略比人高，上面雕刻着鸮鸟，这种鸟在现代被称为猫头鹰。

鼎的前面是一个高于台面的圆台，上面站着一个人并放置了一张高桌。

那是一个女人，身材高挑，面容姣好，但一脸严肃，眼角眉梢不怒自威，周身上下笼罩着一股杀气。那张樱桃小口念念有词，因离得远我们听不清。她头发披散着，像瀑布一样垂在肩上。头顶上戴着青铜鸮冠，一双鸮目，让人不敢直视。鸮冠上还插着一圈雉鸡翎，迎风招展，突突乱颤；两耳之上也有饰物，左耳之上是一条玉龙，右耳之上是一条玉凤，左右顾盼，神姿飒爽。

更引人注目的是，这位披坚执锐的巾帼英雄，一身戎装，眼神自信刚毅，右手也擎着一把玄鸟纹的大铜钺，明显要比武士手里的铜钺重。可见这个女人的武力也绝对不输于男儿。

女人面前是一张高桌，上面摆着三件青铜器，一个虎首人身铜像，一面玄鸟铜盾牌，一柄青铜宝剑。虎首人身铜像放在正中间。

小满还没看够呢，就见有个武士上了高台，在圆台下面跪倒，用高亢的声音说："大祭司，一切准备就绪！"

那女人并不答话，而是拿起高桌上的玄鸟盾牌，往空中一举，嘴里说了一句咒语类的话，因为离得远，我们实在听不清。

武士领命，就朝我们这排走来。小满以极其谨慎细微的动作碰了我一下。我偷眼看他，他的额头上已经冒了冷汗。我也拿不定主意，不知道接下来要发生什么。我们动也动不了，只能听天由命。我给小满递了个眼色——意思告诉他"既来之，则安之"，要死大家一起死，谁想他以为我有了万全之策，脸上忽然有点儿眉飞色舞的意味，真是令人无奈。

正在我们胡思乱想之际，就听惨绝人寰的叫声接连响起。

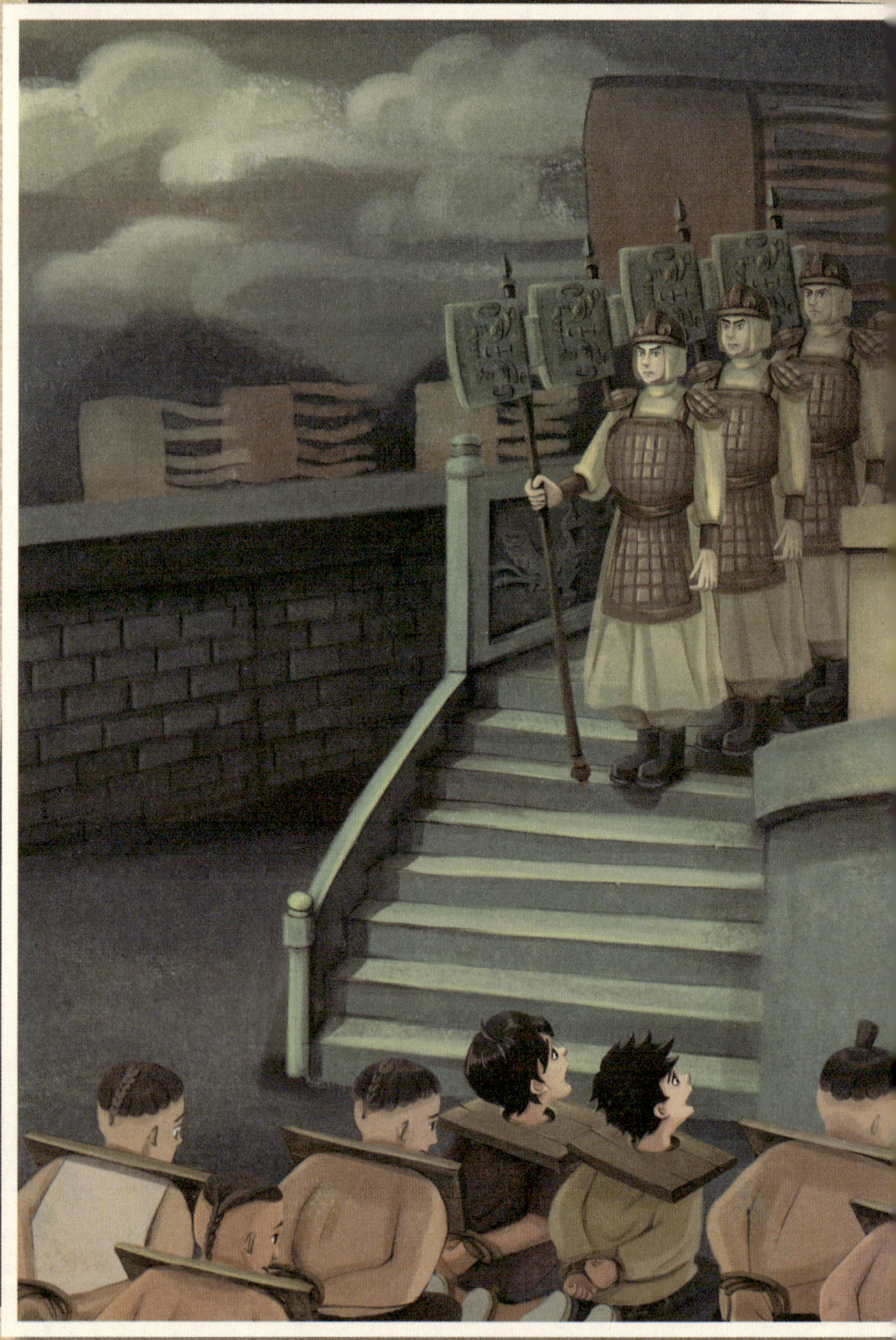

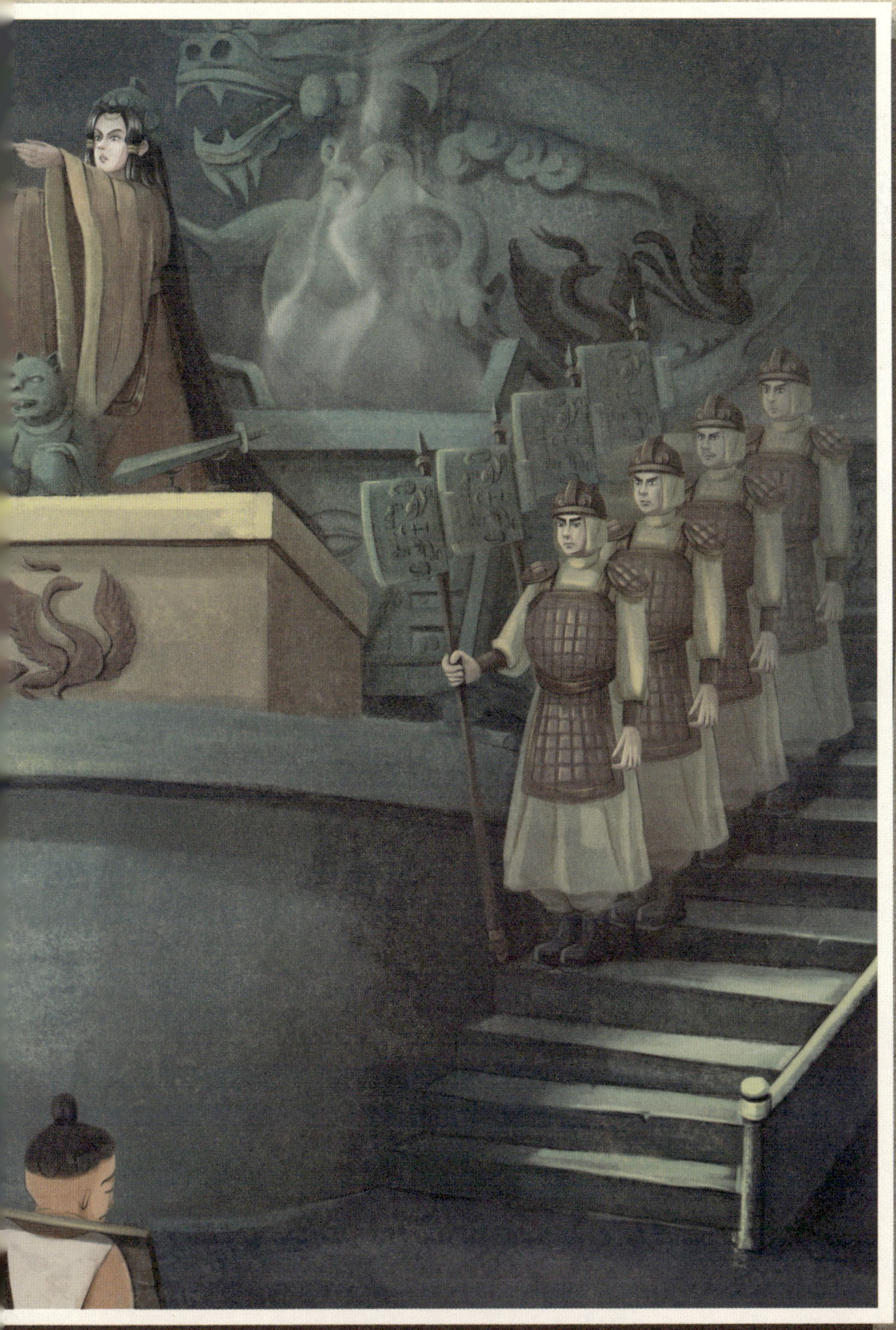

一开始我们只听见，看不见，后来声音离我们越来越近，简直就到了我们眼前了。只见好几排人被锁住，跪在祭坛之下。

我们终于明白这是怎么回事了，心里顿时揪成一团，没想到莫名其妙地来到这里，然后会莫名其妙地被带到祭坛，真是倒了大霉了。

小满"啊！啊！啊！"连叫了三声，不出所料地晕倒在地上。

2

两个武士过来踢了小满一脚，见他真晕过去了，一个武士扭头走开，时间不长，端了一铜瓢冷水来，野蛮地泼在小满脸上。小满一下子就被激醒了，"老哥，救我——呜呜——"他的眼泪夺眶而出，可把我这个当哥的给心疼坏了。

我心里又疼又急，眼瞅着老弟的小命就要没了，却束手无策。我大脑快速地运转，就像过电影一样，将之前储存的知识一一闪过。想想眼前这阵势，再看看那女人的装饰，再想想这些等待被当做祭品的异族之人，我突然像被雷击了一样——这不就是商王朝杀俘祭祀的场面吗？虽然我现在搞不清是商朝哪个君王在位,但只要是在商朝,事情或许就有转机。

我突然想到,曾经看过一本书,是关于破解甲骨文的,里面讲述了许多商王朝举行大规模祭祀时的场景。其中有一个关键环节,就是祭祀者要向商朝的历代祖先进行舞蹈称颂,还有专门为此而创作的颂歌,后来被保存在《诗经》里。

我绞尽脑汁地回忆那首诗,恨不能把脑子摘出来膏点儿油,要不就用锤子锤几下——因为它生锈了,在解救老弟的关键时刻卡壳了!神啊,请赐予我记忆的力量吧!武士的铜钺闪着寒光,已经被高高举起,我产生了幻听,只听见"哎哟"一声,老弟被砍为两截,我可怎么跟爸妈交代啊,想到这儿,我泪如雨下。

铜钺向下划过一条凄美的弧线,就在离老弟的脖子还有二十厘米距离时,我灵光乍现——记起了那几句诗。我把吃奶的劲儿都使了出来,颤抖着高声喊道:

"天命玄鸟,降而生商,宅殷土芒芒!天命玄鸟,降而生商,宅殷土芒芒——"

我也豁出去了,管不管用先放在一边,先吼他几嗓子再说!

后来回想,当时真是太冒险了,如果这几句诗不管用

妇好大铜钺

长39.5厘米，刃宽37.5厘米，重达9千克。钺身呈斧形，两面靠肩处均饰虎扑人头纹，人头居于两虎之间，圆脸，尖下巴，大鼻，小嘴，双眼微凹，两耳向前；虎作侧面形，大口对准人头，作吞噬状，以雷纹为底地，虎后有一夔。钺身正面中部有铭文"妇好"二字。现藏于中国社会科学院考古研究所。

的话,我就永远地失去了我那可爱的弟弟,当然失去弟弟之后,我也会随之而去,我们哥儿俩都要成为铜钺之下的无名之鬼了。

幸亏苍天有眼,当我喊出这几句诗的时候,那寒光凛凛的铜钺似乎被按下了暂停键,在距离我弟弟脖子五毫米的地方戛然而止,生生给停住了。然后我就看到这些行刑的武士把铜钺收拾起来,随之双手紧贴在身旁,整齐划一地舞蹈起来。

圆台上的女人远远地望见了,就把青铜宝剑一挥。几名武士会意,就把我跟小满架到了高台之上。

我俩死里逃生,吓得全身瘫软,一丁点儿力气也没有了,任由武士架着走,似乎连呼吸的能力都丧失了。整个场面一片肃穆,刚才那种紧张杀戮的气息减弱了许多。那女人脸上的杀气也没了,换作一种异常神秘的表情。

那女人从圆台走近我们,上下打量我们,简直把我跟小满都看化了。我们俩又怕又羞,不敢抬头。那女人就问:

"你们两个与那些俘虏不同,虽然也是奇装异服,但却不是野蛮人。我问你们,你们是怎么知道我们的玄鸟的?"

听她说话的语气,我觉得危险大大降低,于是略略挺起胸脯——我可不敢造次,小心翼翼地答道:"《玄鸟》是《诗经》里歌颂契的,我在爸爸的书房里读过。汤王非常了不起,建立了商朝,是商族人的英雄!"

那女人不住地点头:"那你刚才口里念念有词的那几句话又是什么意思?"

这可到我发挥的时候了,看着小满那战战兢兢的表情,我忽然生出一种浓浓的优越感——读书多的优越感。

我回答道:"意思大概是,上天命令神鸟降临,降生下契而创建了大商,开拓出土地宽又广。下面还有呢,说'古帝命武汤,正域彼四方,方命厥后,奄有九有',这意思是说,上帝授命成汤,管治天下四方,广施号令为君王,九州尽入大商。"

我眼见那女人变得和颜悦色了,就索性再多说几句,兴许我们哥儿俩的小命就保住了。

"后面还有两段,是歌颂商王武丁的。原文是:'商之先后,受命不殆,在武丁孙子;武丁孙子,武王靡不胜;龙旂十乘,大糦是承;邦畿千里,维民所止,肇域彼四海;四海来假,来假祁祁;景员维河。殷受命咸宜,百禄是何。'意思是,商王武丁是成汤王最争气的孙子,他继承了成汤王的伟业,战无不胜,攻无不克,大大开拓了疆土,使得四方来朝,海内咸服……"

我在那儿摇头晃脑地拽上了,小满瘫在那儿,大气儿都不敢出。

那女人听我这么说,显然心情变得非常愉悦,脸上一丝一毫的杀气也没有了,又问:"那你可知,武丁王为什么这么优秀?"

说实话,这我还真知道,我多次跟老爸去过安阳殷墟——当时老爸正在做一个关于甲骨卜辞的课题,老妈又整天看着我不耐烦,于是我就跟在老爸的屁股后头,老老实实地在殷墟待了很长一段时间。当时老爸白天做研究,晚上就在酒店里把白天的研究成果讲给我听,也不管我听不听得懂。好在我对此非常感兴趣,对他的研究成果也非常热爱,所以我扎扎实实学了商朝的历史,尤其是对商王武丁及其王后妇好的功业,十分了解,万分钦佩。

我把胸脯挺了起来,知道我们肯定不会死了,这个美丽妖娆但心地善良的女人不会杀我们了——也不知道我怎么得出这样的判断,但当时的感觉就是这样的,我得忠于我的

鸱鸮提梁卣

通高25厘米，通宽20厘米，腹径17.2~20厘米，是一只背对背站立的鸱鸮（猫头鹰）。卣盖为鸱鸮的头部，顶上有一个蘑菇形圆钮，盖上装饰了鸱鸮凸起的眼睛和突出的利嘴；腹部装饰了鸱鸮的卷翅和尾羽；四只短足装饰了夔龙纹；配有绳纹形提梁。现藏于河南信阳博物馆。

感觉——我朗声回答:"那是因为他的王后——妇好!"

这两个字刚出口,就见两个武士上来,要掌我的嘴。

那女人摆了摆手,武士才怒目圆睁、心有不甘地下去了。她又让人上来,扶我跟小满坐下。这时又有人端着一个物件上来,此物是青铜提梁卣,我在信阳的博物馆里见过。提梁卣是一种在商朝很普遍的青铜器,但是这件提梁卣却不一样,它是鸱鸮提梁卣,通体上下雕镂的都是猫头鹰图案。

我忽然察觉出点儿什么,但也不敢瞎说。

我们喝了些水,魂飞天外的小满在水的滋润下终于放松下来,脸色也恢复了正常。我心里说——老弟,你这小胆量以后怎么跟老哥闯荡世界啊。

3

我刚要把我所知道的妇好的故事讲给那个女人听,没想到又出了岔子。

一个武士走上台来,跪倒说:"大祭司,鼗到了!"

那女人点了点头。

武士就冲着台下东南角高喊:"抬上来!"

时间不长，几个身强力壮的武士抬着一个大物件走来，他们一边走一边趔趄，可见抬着的是个重物。他们将重物小心翼翼地抬到高台上，平平稳稳地放下。

那女人围着物件转了几圈，感到很满意。原来这是一个三联甗。甗是商朝用来蒸东西的器皿，就跟现代的蒸锅一样。它分为三部分：上部为甑，用以盛物；下部为鬲，用以盛水；中间有箅，以通蒸汽。三联甗顾名思义，就是三个甗连在一起。这个三联甗花纹精美，上面饰有夔纹、三角纹、云雷纹，可以同时蒸煮几种食物。

那女人啧啧称赞了一番，不过很快，她的脸上就"风云突变"，刚刚消失的那股杀气再次笼罩在她的脸上。

她回到圆台上，举起那柄青铜宝剑，一边敲击着盾牌，一边吩咐："把那三个女娃带上来！"

不一会儿的工夫，就听一阵青铜敲击的哗哗声响，有武士押着三个尚未及笄的少女走过来。她们披头散发，神色惊慌，纤弱的身躯戴着沉重的梏和桎，手脚都被束缚，一步一步艰难地往前走，走得慢了，武士还拿鞭子抽打她们。她们的身上伤痕累累，简直体无完肤。或许是打得麻木了，或许是她们心中的仇恨超过了对疼痛的感知，总之她们不喊也不叫。

我跟小满都不忍心看了，双双把头扭了过去，没人注意我俩。

那些武士把三位少女押到高台前的一处空地上。那里架着几根木头桩子。少女们被绑在木桩上。她们垂着头，一声不吭。武士们恶狠狠地盯着她们，等着圆台上的女人发号施令。

那女人开始慷慨陈词："商朝的英雄们，眼前的这三个少女不是别人，正是我们的仇敌——鬼方族酋长的女儿。卑鄙无耻的鬼方，勾结西方的蛮族，对我大商心存觊觎，把我们对他们的恩德全都忘了。过去的一年，他们引领蛮族入侵我们的西方边界，夺我牛羊，杀我子民，血流成河，哀号遍地。我作为你们的王后，你们的大祭司，能够眼看大商任由他们欺凌吗？我们的大王高瞻远瞩，责成我以祭司的身份征讨鬼方，打了十多场仗，幸赖先祖和成汤王的庇佑，我们一胜再胜！可是鬼方不知敬畏，屡次三番地勾结帮凶寻衅滋扰，年初的时候，我们在陑城展开大战，把鬼方及其帮凶打得落花流水，而且还俘获了鬼方酋长的三个女儿。告诉你们，他们打仗带着妻子儿女，是想让他们亲眼见证鬼方的胜利，可是，我们让他们的如意算盘落了空！我们的英雄非但没有让他们看到笑话，反而俘虏了他们酋长的女儿，

虎首人身像

白色黄斑大理石圆雕像。通高37.1厘米。全身作屈膝跪坐状,竖环,双目圆睁,张嘴露齿,虎爪,满身饰云雷纹,似虎非虎。形象凶狠,雕刻精美。

"妇好"三联甗

　　由并列的三个大圆甑和一长方形承甑器组成。甑为圆形敞口，敛腹，腹两侧有牛首半圆形耳。腹底内凹，有三扇形孔。口沿下以雷纹为地，饰以二夔纹相对组成的纹带，以扉棱相间隔，夔身上下饰以涡纹。此器形制特殊，为商代青铜器中仅见。现藏于中国国家博物馆。

这对鬼方来讲，可谓奇耻大辱。现在我要让这耻辱深深地刺痛鬼方，让他们再也不敢生出战心，再也不敢惹怒我大商朝！"

高台底下群情激愤，人们一个个攥紧拳头，绾起袖子，一股怒不可遏的情绪在四下蔓延。

那女人接着说："看看这精美的三联甗，这是我们心灵手巧的工匠造出来的，你们知道用它来做什么吗？"

下面的人喊道："蒸了她们！煮了她们！吃了她们！"

这些丧失理智的叫声，可把我跟小满给吓坏了，虽然我知道商朝有把俘虏头颅割下来蒸煮的祭祀行为，可是当这样的事要发生在眼前的时候，心里还是一阵抽搐，一股寒意从头顶直袭到脚跟，感觉死亡近在眼前。小满呢，吓得冷汗直流，浑身哆嗦得像筛糠一样，连看都不敢看了。

那女人看向下面，继续说："今天我要行使大祭司的权力，用她们的头祭祀先祖和成汤王，以保佑大王武丁霸业永昌，保佑我大商永远立于不败之地，保佑商朝的基业万年永续！"

人群像是被点燃了一样，又好像被某种神秘的力量牵引，人们一个个瞪着眼、握着拳，振臂高呼："蒸了她们！煮了她们！吃了她们！""汤王万岁！武丁王万岁！王后万岁！大祭司万岁！"呼声此起彼伏，如海潮汹涌，击岸裂石。

大祭司捧起虎首人身的雕像，向四方拜了几拜。又举起玄鸟盾牌，用宝剑在上面击了几击。下面的武士们就舞蹈一番，然后挥动铜钺，做好了杀头的准备。

那三个鬼方的少女被这阵势吓坏了，纷纷垂泪低泣。她们用哀怨的目光望向高台，又用仇恨的目光扫视人群，这更加激发了人群的愤怒。要不是慑于大祭司的权威，估计他们早就蜂拥而上，把这三个少女给生吞活剥了。

眼看着三个少女就要命丧铜钺之下，在这千钧一发之际，忽然，一声清脆的长啸响彻大地。接着一声洪亮的嗓音响起，让在场之人激愤的神情凝固在啸声响起的方向。

"钺下留人！"

第 3 章
巫师学院

①

"什么人如此胆大包天？"

"是我！至高无上的大祭司！"我参着胆子说，既承认了是我所为，又不忘奉承她一句。

天底下的大人都爱听好话。

果然，大祭司虽然怒不可遏，但一看是我，刚才的好感

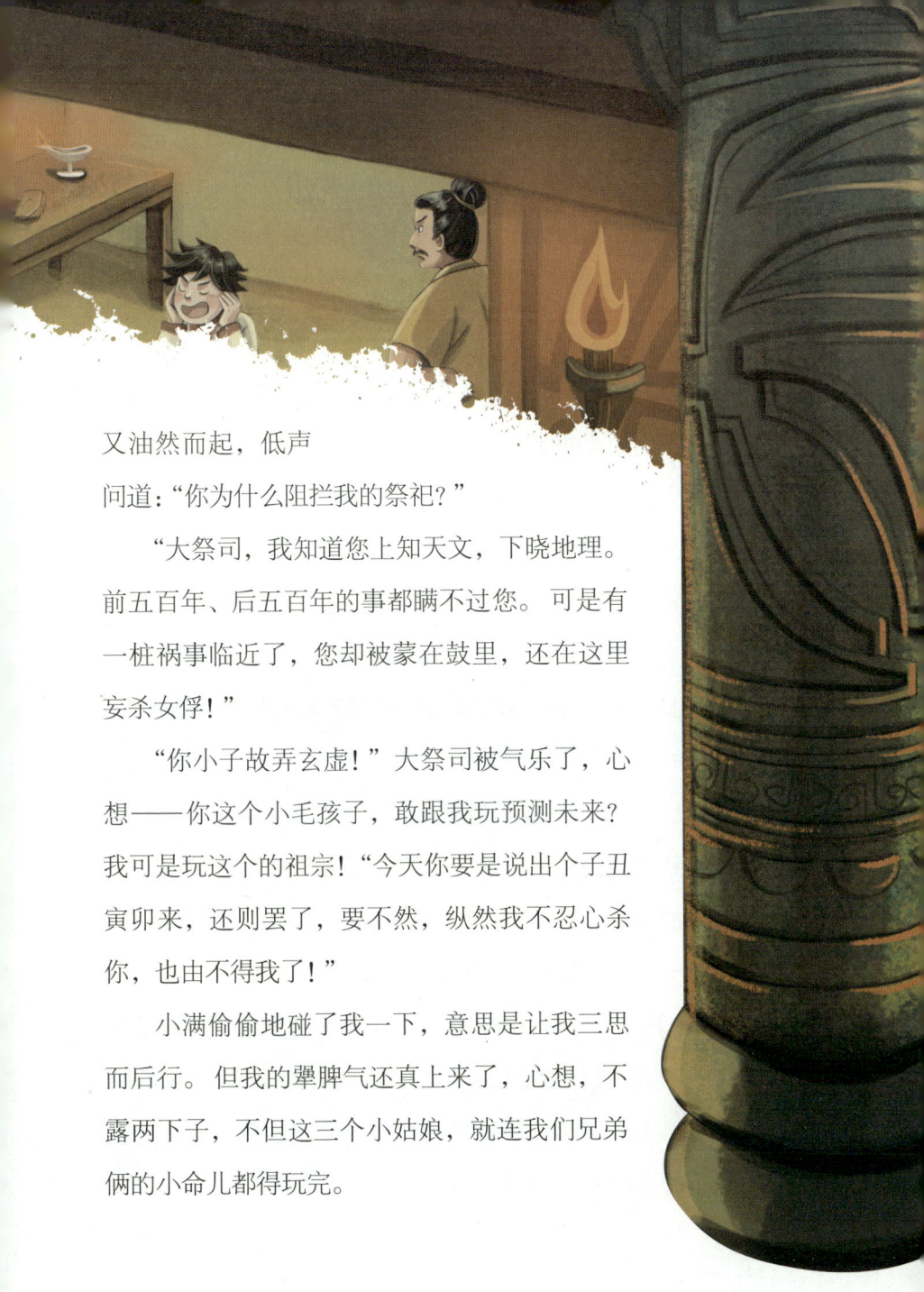

又油然而起,低声问道:"你为什么阻拦我的祭祀?"

"大祭司,我知道您上知天文,下晓地理。前五百年、后五百年的事都瞒不过您。可是有一桩祸事临近了,您却被蒙在鼓里,还在这里妄杀女俘!"

"你小子故弄玄虚!"大祭司被气乐了,心想——你这个小毛孩子,敢跟我玩预测未来?我可是玩这个的祖宗!"今天你要是说出个子丑寅卯来,还则罢了,要不然,纵然我不忍心杀你,也由不得我了!"

小满偷偷地碰了我一下,意思是让我三思而后行。但我的犟脾气还真上来了,心想,不露两下子,不但这三个小姑娘,就连我们兄弟俩的小命儿都得玩完。

"大祭司，小子我可就斗胆说了，若有差池，还请您多担待！"我清了清嗓子，脑子里迅速组织关于商王武丁和妇好的知识——要不是我在学校图书馆和殷墟博物馆下过功夫，今天这关恐怕难过了。

"大祭司，祸事肯定是有的，但咱们得先从大王说起。大王武丁是大商朝第二十二任王，也是商王盘庚迁都于殷以后最伟大的王，被后世誉为'中兴大王'。大王幼年时，曾与奴隶一起做活，深知民间疾苦。大王即位之初，商朝受到四方异族的侵扰，外部环境恶化。面对这种严峻的形势，大王决定武力反击。他四方出兵，接连征战，先后使周边异族臣服。但战争充满了变数，虽然胜利的号角经常吹响，但失败的丧音也偶尔响起。

"鬼方，北方异族中最强大的一支，它的强悍与欲壑难填，导致其成为商王朝北方边境的最大隐患。商朝的子民在鬼方的残忍杀戮中，死伤无数。鬼方的威胁直逼商朝的都城，于是先王盘庚几次迁都。

"大王在名相傅说的辅佐下，国力大大增强，具备了反击鬼方的实力。在与鬼方长达三年的战争中，一个人的功勋不可磨灭。她就是大商朝足以彪炳史册的伟大女性、大王武丁的王后——妇好。

"妇好是大王武丁心中最重要的女人，他们伉俪情深，一直在为一个崇高目标而并肩战斗。妇好的性格中，除了温柔和顺以外，还具备须眉男子都罕见的宽广胸怀、英雄胆略。她曾在针对羌方的战争中，统率过万余大军，这种规模的军队在商朝可是十分罕见的，足见大王对她的信任，也可见她在军事上有着常人难以企及的雄韬大略。

"由于妇好的丰功伟绩毫不逊色于任何的男性将领和统帅，大王武丁待她也一如诸侯。她拥有最富庶的封地，并且拥有具备独立指挥权的军队。这份殊荣是独一无二的，在历史上也是空前绝后的。"

我一边说着，一边观察大祭司的情绪变化，发现她姣好的面容已开始阴转多云。于是，便开始乘胜追击："妇好不仅是出色的军事统帅，还是商朝举足轻重的首席大祭司。她精通巫术，擅长占卜，能预见未来。她是一切'神鬼'的代言人，其大祭司身份凛然不可侵犯，即便是大王武丁也要服从她所代表的神的意志。

"大王对妇好既倚重又笃信，自始至终，一往情深为她铸造了'妇好铜偶方彝'。这件宝彝造价高昂，价值连城，足见大王对妇好的钟情。大祭司，我说的这些，可有差错？"

妇好铜偶方彝

　　器身横长两倍于纵长，犹如两个方彝之组合，故郭沫若先生称之为"偶方彝"，是商代酒器中绝无仅有的器形。器身两长边口沿各有七个缺口，是专为放置酒斗设计的。方彝装饰豪华大方，通体以云雷纹做衬底，以浮雕技法表现了兽面、鸱鸮、夔龙、大象等动物形象。现藏于中国国家博物馆。

大祭司微微颔首，语气变得异常温柔："这些事你是怎么知道的？难道你也是巫族的人吗？倒是我低估了你！"

我怀着既钦敬，又无比怜爱和惋惜的语气说道："可惜啊，可惜！这么一位不可一世的巾帼英雄，竟然难逃悲剧的命运！"

大祭司听了，不得不对眼前这个不知道从哪儿冒出来的野小子的话表示一定的尊重和信服，最起码我之前所说的都对，她说："你接着说。"

"祸事将近。这祸事正是因为征讨鬼方而起。大商对鬼方作战已有三年。妇好，也就是您，在这三年中，自始至终都担当统帅和军队祭司。在数百次的战役中，您都能运筹帷幄，决胜千里，创造了不可战胜的神话。这次能够俘虏鬼方酋长的三位女儿就是明证。可是月圆则亏，水满则溢，如果您不接受上天的警示，再不休养生息，恐怕接下来的战争会对您不利。

"我最近做过一个梦。梦境显示，您将在冬天发起攻击。当日天寒地冻，日月无光，愁云惨淡，北斗不明。您作为军队祭司，失去了跟鸮神沟通的条件，导致了战场失利。鬼方发动猛烈反攻,将您的军队赶到界河。河水宽阔,波浪滔天。商军退无可退,全军覆没,您一人逃生,身负重伤,生命危在旦夕。"

大祭司听到这里,花容失色,脸上升起无限狐疑,语调变得低沉,裹挟着巨大的悲痛:"你怎么也会有这样的梦境?"

她忽然变得娇弱起来,仿佛刚经历一场沉重打击。最终她有气无力地说:"把这三个丫头押下去!把这两个小子给我带回宫里!"

2

在宫殿之中,我和小满被绑在两张椅子上,到时间会有人送吃送喝,虽然暂时失去了自由之身,但待遇还是挺不错的。小满有吃有喝,压根儿不会考虑生死存亡的大事。

他吃得肚皮鼓鼓的,一边咂磨滋味,一边奉承我:"老哥,我真服了你了,你原来会算命啊,以前怎么没见你露过啊,隐藏得可真深!"

"别胡说!你要是平时肯多读点儿书,也能'算命'了。"

"老哥,什么意思,读书跟算命有什么关系?"

"今天我跟大祭司说的,除了梦境是我胡诌的,其他都是从书上看来的,要不就是参观博物馆的时候,爸爸讲给我的。我哪里会算命?平时用心留意而已,哪像你,就会喊饶命,不行就装死!"

"嘿嘿,老哥,你哪里知道,人生在世,安全第一!安全第一!小命要是没了的话,说别的都没用,好吃的好喝的就跟咱们没缘了!"

"要是哪天打仗了,你小子没准当叛徒!"

"我要是当叛徒了,第一个教训我的就是老哥你!"

"还算你小子有良心。还别说,我今天有一个重大发现。"

"什么重大发现?快说来听听!"

"大祭司,也就是妇好……"

小满把嘴巴张得大大的,好像听到了什么旷世奇闻一般:"你说什么,那个大祭司就是妇好?"

我无奈地摇摇头:"天底下的人都知道大祭司就是妇好,妇好就是大祭司!"

"我光顾害怕了。你这么一说,我也觉得她是妇好。"

"妇好真的不简单。我当时说的梦境是我编的,因为我之前在图书馆看过相关资料才编出来那么一篇鬼话。可是

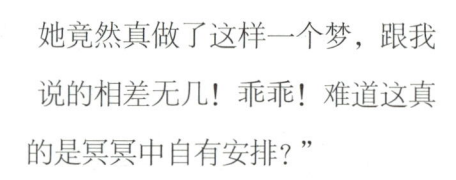

她竟然真做了这样一个梦,跟我说的相差无几!乖乖!难道这真的是冥冥中自有安排?"

小满紧张兮兮地说:"哥哥,你可别吓我,我这儿刚舒服一会儿,什么冥冥之中,搞得神神秘秘的!"

"你知道什么?你收集物种的时候依据什么去分类?商朝大事,唯祀与戎。祭祀、打仗可都是大事,因此有专门的巫官去承担。巫官的范围很广,包括大祭司、祭司、巫师、贞人、卜人、占人、史人等。"

"这么多人都是干什么的?"小满的脑袋摇得像拨浪鼓。

"你别问了,告诉你也没用,以现在的情况,如果咱俩继续生活在商朝,这些人都是会遇到的。到时候你就知道了。"

"那你告诉我巫官有什么特点,别的我留着以后再问!"

我拍了拍老弟的头:"真拿你没办法。巫师集团在商朝的政治、生活中的地位非常重要。在商人眼里,日月、山川、草木、鸟兽等万物皆有灵。人与这些事物同生在一个

甲骨卜辞

商周时期，刻在龟甲兽骨上记录占卜的文字。在中国已发现的可以辨识的古代文字资料里，殷墟甲骨卜辞是年代最早的一批，从这批资料来看，当时汉字已经发展成熟，书面语言的应用也已达到了一定的水平。

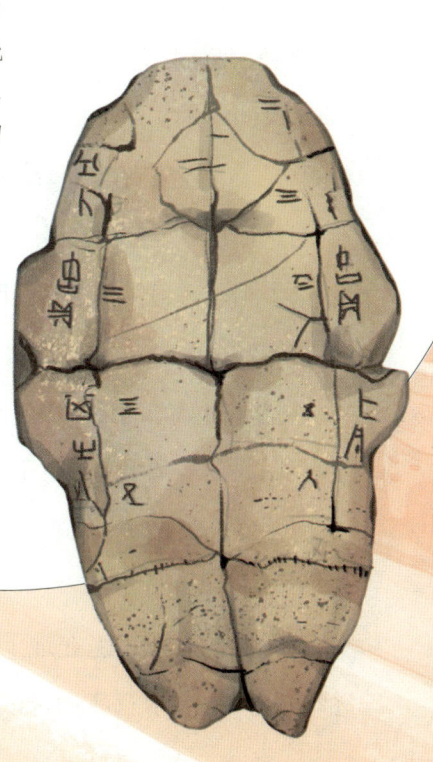

宇宙天地之内，是可以用某种手段交流沟通的。巫官就是创造和掌握了这种交流技能的人群。商朝的开国者汤，本身就是个巫官，史书上有他求雨的记载。所以自汤以下，历代商王都保留了这个属性，包括其他王族人员也可以担任祭司的职责。

小满简直不相信自己所听到的："老哥，那你说，商朝之前的时代也有巫师吗？"

"有啊，从原始社会开始，人们就相信有人可以通过某种仪式，利用超自然的力量去改变自然。这种仪式就是巫师实行的巫术，而巫师本身需要不断修行和体会，获得这种'能力'。当然，在咱们看来这是违反科学的，但是当时人们的认知也只能局限于此了。"

小满还想追问什么，这时候，来了两名武士，押着我们去见妇好。

此时的妇好已经卸去了戎装和祭司的装扮，换作了日常的衣服，在等着我们。妇好所特有的雍容华贵和正当年的美丽芳姿，跟之前在高台之上的不怒自威相比，别有一番柔情和风味。

武士强迫我们跪在地上。妇好走了过来，用宽大的衣袖轻轻一拂，示意我们可以站起来回话，她温柔地问："你们俩叫什么名字？几岁啦？从什么地方来的？"

自然是我这个当哥哥的回答了："大祭司，我叫六一，他是我的弟弟小满。我13岁，他9岁。我们来自——"一时之间，我真不知道该怎么回答"来自何处"的问题，怎么说呢？说我们来自2021年的中国？——三千多年后的现代化国家？这对于妇好来说，一定会认为我是个疯子或者傻子。这可如何是好？

妇好看出了我的迟疑，就问："有什么难言之隐吗？"

我支支吾吾地说："大祭司，关于——我们的来历——您还是——不知道的好，您就清楚——我们对您——没有丝毫恶意就行了。我们永远——永世——站在您这一边！"说着，我捅了捅小满。

小满胆子虽小，可相机行事的能力并不比我差，他一看我这么说，也赶紧说道："我们——永远——效忠——王后！"

妇好看着我俩拙劣的表演，忍不住笑了——不夸张地说，如果世界上有什么能比牡丹、芍药、玫瑰这些花还艳丽，那就应该是妇好的笑靥了，让人一辈子都忘不了。正因如此，当时的我忽然产生了一个巨大的疑惑：为什么这张艳丽的脸上时常挂满愁容呢？

妇好的笑容虽然让我们深深沉醉，但接下来她的一个决

四羊方尊

　　中国现存商代青铜方尊中最大的一件，每边边长为52.4厘米，高58.3厘米，重量34.5千克，长颈，高圈足，颈部高耸，四边装饰有蕉叶纹、三角夔纹和兽面纹，尊的中部是器的重心所在，尊四角各塑一羊，肩部四角是四个卷角羊头。整个器物用块范法浇铸，一气呵成，鬼斧神工，显示了商代高超的铸造水平，被史学界称为"臻于极致的青铜典范"，位列十大传世国宝之一。

　　现藏于中国国家博物馆。

定，让我们心里感到十分别扭，却也不得不表示接受。

她跟武士说："叫史官来。"

时间不长，一位穿戴严整的官员来到殿内跪下。

妇好对他说："史官如实记录：着将六一、小满赐姓子姓，更名为子六、子满，王后殿下宣！"史官称喏，将王后的话记录在案。武士走到我们面前，喝道："还不谢恩！"

当时我的大脑经过七十二个筋斗的翻腾后，一拉小满，我们跪倒在地："子六、子满谢过王后！王后万年！"

虽然我从心里不愿意改姓，但我知道在商朝姓"子"可是一件非常尊贵的事情——"子"姓是商朝王族的姓，姓"子"意味着出身高贵。在商朝，不是贵族出身的话，很多事情是办不了的，比如说接下来我们要干的一件事情。

妇好心情很好，吩咐道："从此，你们哥儿俩都有了贵族身份，可以到巫师学院学习一段时间，将来跟着我，有你们大显身手的时候！"

我跟小满，不——是子满，对视一眼，心想——完了，本想着到三星堆遗址逃避暑假作业，没想到穿越到了商朝还是要学习，苍天啊，我们这是得罪了哪位神祇！

3

繁重的课业开始了。

先说说我吧,好家伙,在巫师学院——距离王后殿下的寝宫不远,一座黑魆魆的宫殿,正顶上是一个鸮鸟的铜雕,眼睛瞪得圆圆的,好似在傲视宇宙万物。整个建筑呈六角形,由六根巨大的石柱支撑起来,飞檐直插到半空中去,像只猫头鹰振翅欲飞。大殿里面都是些稀奇古怪的东西,铜盘、铜碗、铜甗、铜鼎、铜卣、铜尊、铜彝……各种青铜器应有尽有。一些人在里面忙碌着,神神道道的,有的手里拿着个木棍,有的吸着像烟斗一样的东西,时不时地喷出个大烟圈。

我比子满大几岁,所以学的东西要比他更为高深。我的启蒙课程叫"巫族史话以及初中级巫术运用",教我的是一位叫作巫冥的老巫师,说起话来,从两个牙齿间的大窟窿里往外跑风,如果不认真去听,还以为他一直在说"扑——哧——,扑——哧——",而且他的眼睛也极度老花。每次我的巫术效果不好的时候,他都要把我拉到他的脸前,对我训斥一番,虽然我听不明白他训斥的真义是什么,但他的唾沫星子和扑哧扑哧的漏风声总是能让我吸取教训，下不为例。

在巫冥看来，我是一个莫名其妙的小孩，莫名其妙地懂得一些知识，莫名其妙地预知一些未来，莫名其妙地能断一些吉凶，因此他在教我的时候总是无法保留。他总觉得我具备强大的巫法潜能，只要稍一点拨，就能融会贯通，况且大祭司早有嘱托，一定要让我学有所成，绝不能对我有所保留和隐瞒。

很快我就学会了穿越术和通灵术。说起来这两项本事也不算什么难事，更没有现代人所形容的那样神秘和深奥。穿越术不过是凭借一定的媒介进行时间旅行的一门技术。其法门在于寻找合适的媒介以及运用一定的驱使咒语。如果媒介得当、咒语恰当，穿越时空简直易如反掌。当然了，如何寻找媒介、如何组织咒语，其中蕴含着丰富的知识和经验。

通灵术呢，说白了就是一种通过某种介质跟山川、草木、鸟兽进行交流的技术，绝非后世人所谓的通过神鬼的援手来趋吉避凶。在巫族的眼中，小到一棵草也是有灵魂的，有灵魂就一定能进行交流，只要具备一定的手段或咒语，跟任何事物交流都是分分钟的事情。学习通灵术的关键在于找准时间和介质，不同的事物能够交流的时间段是不同的。

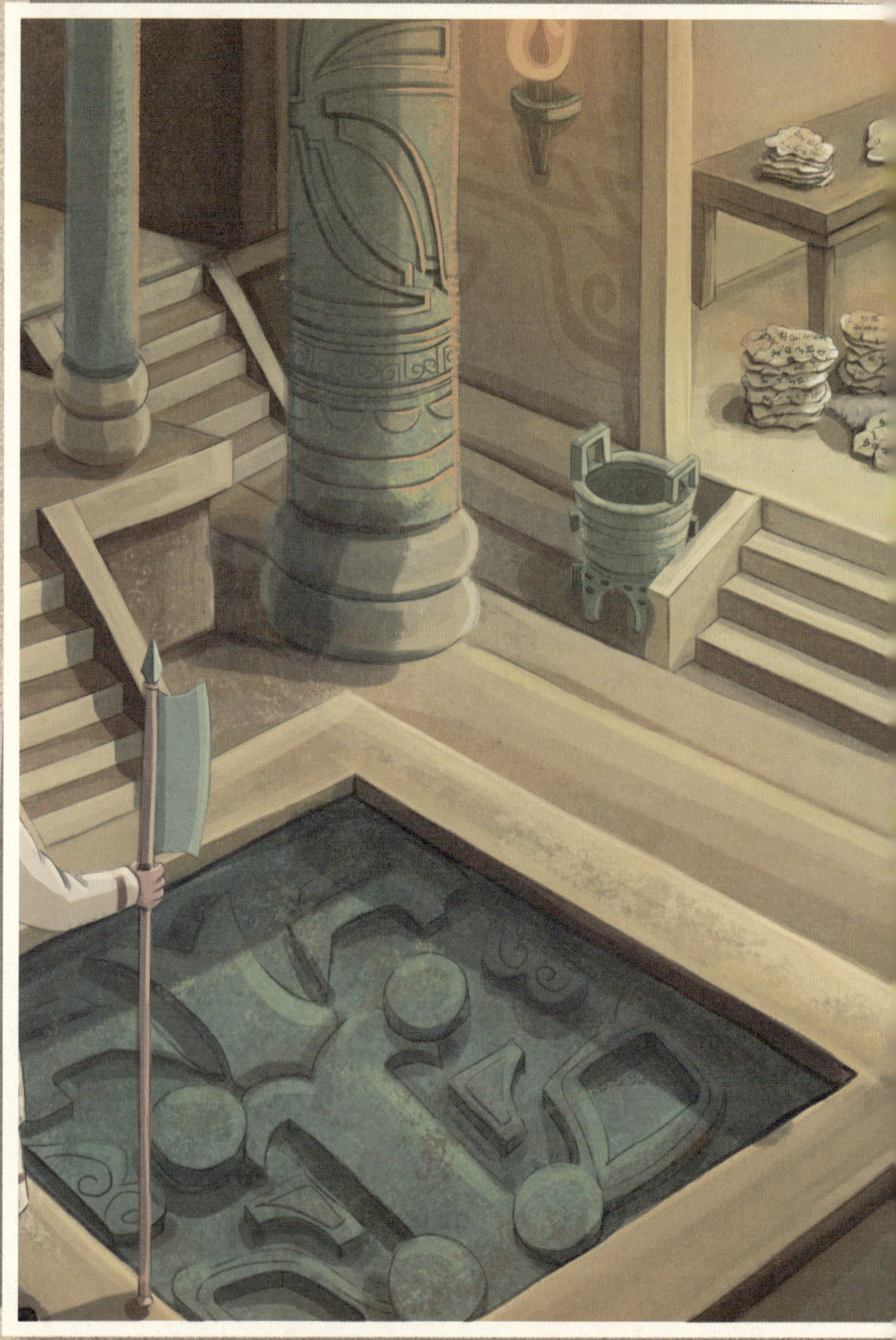

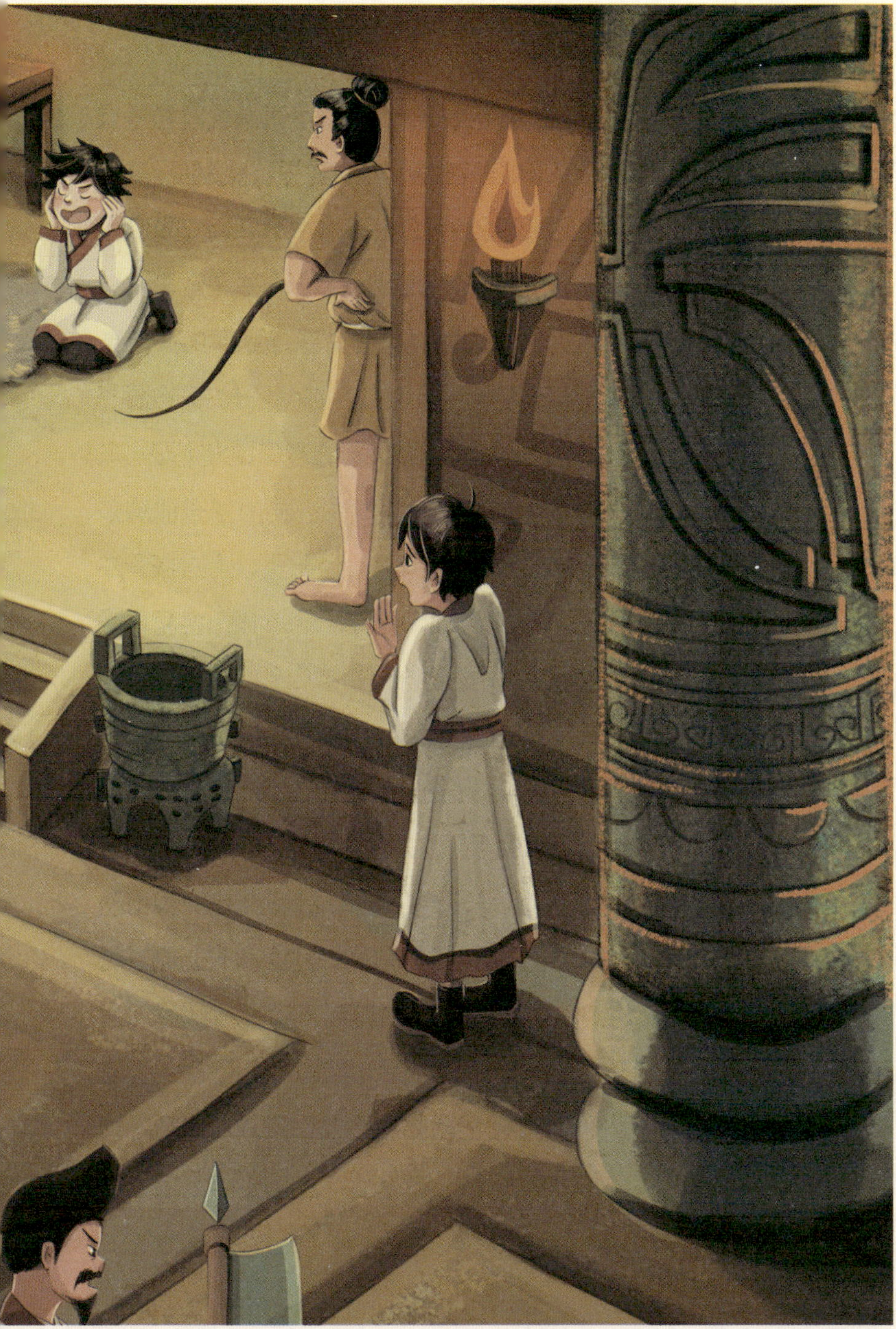

有时候汇总信息是一件极其烦琐的事，因为各自的时间节点不一样，操作起来就要特别用心。

刚开始的时候，无论是穿越术还是通灵术，我学起来都有点儿费劲，毕竟商朝的语言环境和语言习惯跟现代大不相同，好在我脑子还算聪明，很快就能转换过来。因此经过一段时间的适应，我也就完全无碍了。要是换作子满的话，脑袋瓜子使裂，他也学不了几个法术。

说起子满，这小子也学了好些本领。他的学习任务是攻治甲骨、学习甲骨文。

攻治甲骨在商朝是一项非常重要的工作，因为占卜在商人的生活中举足轻重。上至大王，下到平民百姓，都需要占卜。国家的征战杀伐，百姓的婚丧嫁娶，就连日常的饮食、出行、分娩、宴客、逛市场，都要占卜一下，因此巫族的贞人、卜人（专门负责占卜的人）在当时的社会中地位很高、很受老百姓的爱戴和尊敬。

但是并不是随便任何一片龟甲就可以用来占卜，而是需要经过繁复的程序，才能使一片普通的龟甲成为能够用来占卜、镌刻卜辞的占卜龟甲。这些龟甲被地方诸侯或贵族进贡到商王朝，然后经由巫师选材，通过削、锯、切、锉、刮、磨、穿、钻、凿等多道工序，才算完成一片龟甲的攻治。其中钻、凿是最为重要的工序。钻、凿的技术决定了被灼烧后的龟甲的裂纹和兆枝，因此既要技术精湛，又要态度谨慎。

占卜的程序也十分讲究，需要六个环节。一是"命龟"，即由贞人说明要占卜的内容；二是"烧灼"，即用烧红的树枝在龟甲钻凿的地方烧灼，甲骨此时会发出"卜"的一声，并裂出一定的纹理；三是"占龟"，贞人根据开裂纹理的兆象来断吉凶；四是"刻兆"，即把占卜的事情刻在甲骨上；五是"刻辞"，就是把占卜的卜辞也刻到甲骨上；六是"涂饰"，即根据占卜事情的重要程度，给卜辞涂上不同的颜色，其中最重要的卜辞要用红色颜料去涂，称为"涂朱"，普通的"涂墨"即可。

无论是攻治还是占卜，都是非常烦琐的工作，不过这对于爱好博物分类的子满来说，正是得其所哉。他对这些学习内容真是喜欢得不行，甚至多次跟我表示不愿意再回到现代。他甚至说他是为商朝和巫族而生的，唯一让他头疼的是，甲骨易治，甲骨文难学——不但难学，而且难认、难读、难辨、难刻。

有一次我去探望老弟——我们两个因为学习内容不同而分处两地——我故意没有提前知会，而是偷偷地去看望他。我来到他的教室外边,看见一个贞人正拿着鞭子严厉地督促他。

子满的身边放着一摞攻治好的龟甲,贞人正在训练他正确地识认龟甲上的文字,并且教他把这些文字如何刻到龟甲上。

就听陷入崩溃的贞人说:"子满,你行行好,可怜可怜你的老师吧,你就不能把你识字的功力提高到你攻治甲骨功力的十分之一吗?莫说十分之一,就是百分之一,认识千八百个甲骨文算什么难事啊!"

子满用手把耳朵堵了起来,近乎咆哮地说:"别说了!别说了!我的耳朵都出老茧了!难道我愿意认不出吗?你再说,我就去跳河!"

贞人忍无可忍,一鞭子抽在我老弟的背上,把我心疼得不行,我刚要过去给我老弟撑腰,可转念一想,如果不让我这么爱偷懒的老弟吃点儿苦头,他怎么能长进呢?如果不长进,在这个孤立无援的大商朝,我们哥儿俩还怎么混下去啊!

第 4 章

特殊任务

①

大商殷都的皇家图书馆是我跟子满学习之余经常去的地方，那里收藏了大量的甲骨文，包括夏朝的王室藏书、历代商王的占卜辞和起居录，历代外交和对外战争记录，巫族和宗族事务提要和大量从战败国搜集来的奇书古籍，应有尽有。每一本或每一套书都用小麻布袋装着，里面一摞摞的甲骨排列有序，上面都编有序号，类似今天书籍的页码。

子满最不喜欢读书，在书架前晃来晃去，这儿翻翻那儿翻翻，一副心不在焉的样子。不过有一次我看他挺认真的——他把那些甲骨翻过来调过去地看，看得非常仔细，甚至忍不住用手一遍一遍地去摩挲。

我好奇地问他:"老弟,你是肚子饿了吗?想对这些甲骨大快朵颐?"

子满露出委屈的表情:"老哥,我在你眼里就那么不堪吗?我这是在欣赏!欣赏!懂不?"

"欣赏?欣赏什么?我看你是在闻味道,准备下口了!"

"老哥,这可就是你见识浅陋了!"

"呵,又跟你老哥拽词儿了,你倒跟我说说,我哪里浅陋了?"

"我虽然对这些文字犯晕,但对这些甲骨的攻治痕迹、钻凿水平却非常感兴趣,刚才我就是在仔细鉴赏甲骨攻治的工艺,却被你当成'垂涎三尺',岂不冤枉?"

我还真把这个给忽略了,当即表示歉意:"不好意思啊,老弟,都怪哥用老眼光看你,看来我对你也要刮目相看了。"

子满顿了顿,问我:"老哥,我确实有个疑难问题要问你,还望你赐教!"

"快说!快说!助人为快乐之本,况且你的问题通常都是小儿科。"

"喊!老哥,你倒跟我说说,我看了这半天商王的传记了,这些商王的名字怎么都带甲啊、乙啊、丙啊、丁啊的,你看这些名字，小乙、太丁、外丙、中壬、太甲、沃丁、太庚、小甲、雍己、太戊、中丁、外壬、河亶甲……我搞不懂，这可跟后世帝王的名字大不相同。"

"老弟，你倒细心！可见你小子平时都是装糊涂，该细心的时候比谁都细心。这个问题问得好，老哥我还真做过一番考证。"

子满迫不及待地等着答案。

"老弟，你说的这些甲啊、乙啊、丙啊什么的，其实都是天干，这你应该知道。古代的天干来自对太阳神的崇拜。我不是跟你说过了吗，在上古传说中，《山海经·大荒南经》'羲和者，帝俊之妻，生十日'，认为有十个太阳。这十个太阳名字依次是甲、乙、丙、丁、戊、己、庚、辛、壬、癸，它们轮流当值，十天一个循环。久而久之，人们就称甲当值的这一天为甲日，乙当值的那天为乙日，或者叫太阳甲或太阳乙，由于太阳神在人们心中的地位至高无上，而人间的皇、帝、王、后等又是世俗的至尊，于是渐渐地有了用日名来命名帝王的习惯。

"夏朝帝王的名字，如胤甲、孔甲、履癸，都是以这种方式命名。其中这个叫履癸的夏王，就是大名鼎鼎的夏桀，夏朝就断送在他的手中。从他的名字来看，他是在癸日这一天出生的,他亡了国,商人以为癸日这一天非常不吉利,所以在有商一代,没有一个帝王是用'癸'字命名的,哪怕他是癸日这天出生的也不用,这是忌讳。

"商朝从汤起,到最后一任帝王纣,都是用日名来做名字。成汤叫天乙,纣王叫帝辛,没有例外。可见,商王的命名是很有规律的。他们一般是两个字,有个别的可能是三个字。两个字的,第一个字用来区别,第二个字则是日名。比如说同样生在甲日这一天,有太甲、小甲、河亶甲、沃甲、阳甲、祖甲的区分;乙日有祖乙、小乙、武乙、帝乙;丁日有太丁、沃丁、中丁、祖丁、武丁、康丁、文丁……"

我正说得起劲,唾沫星子横飞——子满听得认真,只是得时不时去擦拭一下他稚嫩脸蛋上那些饱含着"知识"的唾液分子。有个武士进来,喊道:"子六、子满,王后召见!"

子满一边往外走,一边嘟囔:"这么说来,现在的大王是生在太阳丁这一天喽?"

"子满,你太磨蹭了,直接说丁日不就好了吗?而且我提醒你,把大王的名字挂在嘴边是犯死罪的,可别怪我没提醒你!"

子满吓得赶紧闭嘴,甚至用手把嘴捂上了。

2

等我们到了王后宫中的时候，妇好正在跟几个人说话。从他们严肃的表情来看，议论的一定是国家大事。

我跟子满走过去，跪倒在地。

我们可有一阵子没见王后了，说实话着实有些想念，我这个人是有点儿英雄崇拜情结的，更何况是一位英姿飒爽的女英雄。

我在巫师学院的每一天，除了要完成繁重的学业，剩下的事情就是想着能早点儿学有所成，好能给王后效犬马之劳。

妇好见我们来了，微笑着说："子六、子满，你们快起来，让我好好看看你们！"

妇好过来拉住我们的手，上上下下仔细打量，然后跟在场的人说："这两个孩子算是跟我有缘，这个大一点儿的孩子叫子六，小一点儿的叫子满，前一阵子我让他们到巫师学院去学习巫术和甲骨文，现在小有所成了，介绍给你们！"

在场的人纷纷夸奖我跟子

满:"真是少年才俊!""王后的眼光还是像从前一样好!""王后调教有方,实属我大商之福!""有了这两个小将,还有什么办不到的呢!"……

我早就说过,世界上没有几个人是不喜欢听好话的。我偷偷地观察,就发现妇好的脸上荡漾着满意的笑容,子满这小子心里乐开了花,"花朵"都要从眼睛里冒出来了。当然了,我也有点儿飘忽,心想——这帮老小子太能扯了,要不是看他们说的都是实在话,我非得过去给他们几个耳刮子不可。

"好了,你们也别太抬举这两个小子了。"妇好及时制止了我们的飘飘然,"他们少不更事,少不了要你们扶持。不过,有一件事是定了的,我已经让他们加入巫族了,虽说没跟巫族商量,但我想我还是有这个权力的。你们也不会有异议吧?"

那些人一致表态:"王后英明,我们没有任何异议,巫族就应该补充一些这样新鲜的血液!"

妇好点了点头,转而严肃地说:"不过,无功不受禄,他们也不能白白接受这份荣誉,现在就到重用他们的时候了。鬼方的事情告一段落,倒不是我怕他们,而是现在另有隐患，不处理好这个隐患，对鬼方的用兵恐怕就会真如子六所预料的那样，一败涂地。"

王后当着众人提起我胡诌的那些话，顿时让我有些不好意思，脸色绯红。

那些人互相对视了几眼，问："不知王后所言的隐患是什么？"

"你们也知道，大商对外作战一靠上天保佑，二靠将士用命，三靠武器精良。现在问题就出在武器上，现在我们制造武器急需的青铜原料要没有了！"

那些人听罢，大吃一惊："蜀方一直为我们提供青铜原料，这是签订了约书的，难道他们现在要毁约吗？"

妇好心情沉重地说："不错，蜀方现在公然跟我们作对，切断了青铜原料的供应。我也调查清楚了，单单的一个蜀方也没这个胆子——是被我们打败了的羌方和巴方，说服蜀王鱼凫，跟他们联合，要在背后捅我们一刀。巴、蜀、羌三国结盟，这可对我大商极为不利，万一他们再去联合鬼方，使我大商腹背受敌，两面交战，恐怕大商会有倾覆之危。"

在场的人无不惊骇，没想到突生变故，一时之间都不知道如何是好。

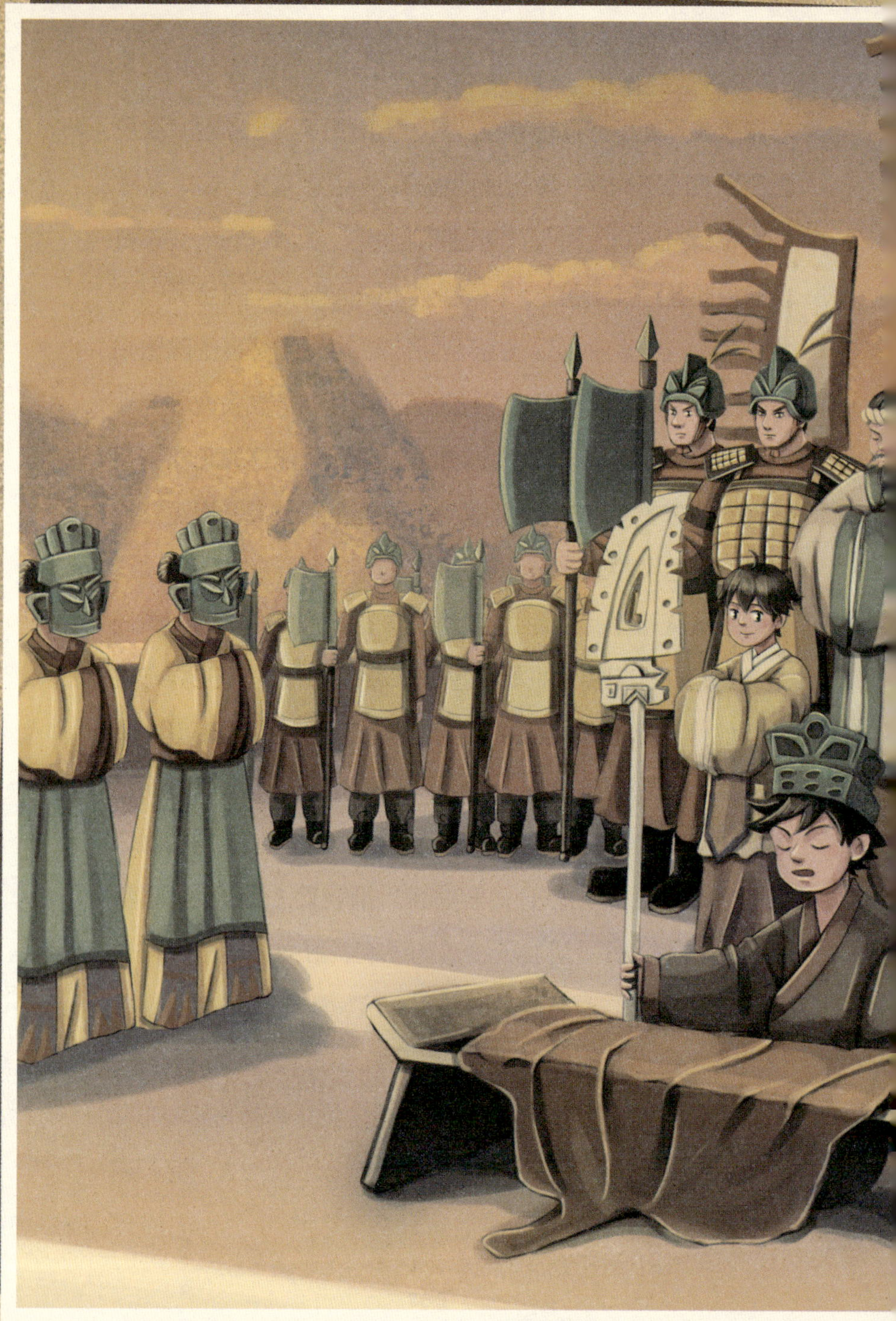

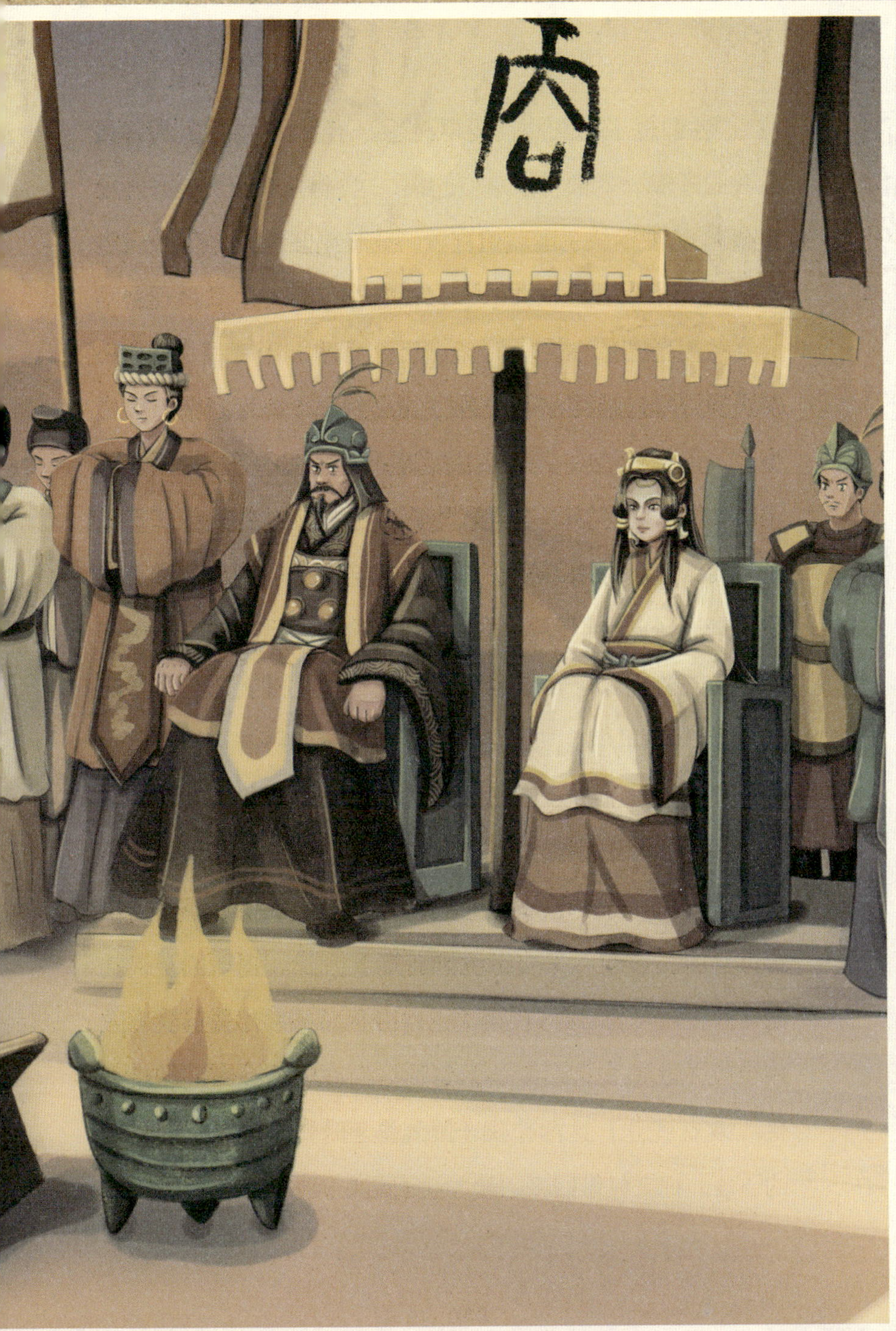

"你们也不用灰心,我早已想好了应对之策。"妇好望着我跟子满,就像唠家常似的说,"我想先征服西南,再去征伐西北。不把三国联盟打败,征服鬼方纯属妄谈。可是对三国同时用兵,何其难也,我实在没有必胜的把握,除非是——"

"除非是找回失落已久的玄鸟宝杖,才可保战争万无一失!"那些人当中一个须发皆白老态龙钟的老巫师说。

"玄鸟宝杖是什么东西?"子满下意识地嘟囔了一句。

我用胳膊肘顶了他一下。子满若有所思地看了我一眼,随即意识到自己的失态,便不再说话了。

妇好脸上露出骄傲的神色:"玄鸟宝杖是大商的至尊宝器,是'战神'鹗灵魂寄托之所,是由大商王族先辈鲜血浸灌而成,是成汤王亲自筑模、浇铸、施咒而使其充满法力,宝杖所在,攻无不克,战无不胜。有了它,就算是天底下所有敌人都联合起来,我也不惧!"

她的脸色忽然又变得惋惜而凝重:"让人痛惜的是,玄鸟宝杖已经遗失了。我多次进行占卜,结果都告诉我,玄鸟宝杖并非遗失,而是出于某种目的被封之高阁,难见天日。现在我想让这两个孩子回到汤王时代,查访玄鸟宝杖的下落,把宝杖带回来,襄助我灭蜀方!"

那位老巫师忧虑地说:"返回先王时代倒也不是难事,但危险性很大。因为到了那边,就不受我们控制了,唯一的沟通方式,就是占卜,而且得两边同时占卜才能交流信息,单方面占卜是不管用的,这点最难了。况且我们这些老巫师空活百岁,寸功未建,王后不派我们去,反而派两个乳臭未干的娃娃前往,这不是让我等赧颜吗?"

妇好一笑:"你多虑了,我自有我的道理。你想想看,我朝有几个法术过硬的巫师,这些人年龄几何,法术如何,风格怎样,那边早就了如指掌,因此不管你们之中谁去,都会引起他们的警觉,必定会阻挠和破坏,那样就对我方不利了。我之所以派子六和子满过去,就是要瞒天过海,神不知鬼不觉地行事,让他们无从防范!"

我摩拳擦掌,跃跃欲试:"我愿意为王后赴汤蹈火!"我捅了一下子满。子满还听不懂这里面的事呢,被我捅了一下,赶忙跟了一句:"万死不辞!"

妇好连连点头,欣慰地说:"好,我果然没看错你们!只是老巫师的担忧不无道理,此番前去,不比寻常,务必要找到玄鸟宝杖,这关乎大商的国运。你们到了那边,虽说一切靠自己,但咱们还是要约定某个月的固定一天,用占卜进行交流,让我及时了解你们的状况。"

妇好玉凤

长13.6厘米，厚0.7厘米。整体呈黄褐色，作侧身回首状，冠镂空，圆眼，短翅长尾，尾翎分开两叉。整件器物造型优美，线条流畅，玉质莹润，神态迷人。现藏于中国国家博物馆。

妇好玉龙

长7厘米，厚1.5厘米，由青玉琢制而成，头略大，微昂，张口露齿，背部有扉棱，浑身满饰菱形纹、三角形纹，腮部刻有重环纹。龙首尾相望，顶有角，尾尖向内翻卷。身阴刻双线重环纹及云纹等图案，背部雕成齿脊状。标志着商代制玉技术已经相当成熟，在史前玉器的基础上又迈进了一大步，跨入了一个新的阶段。

她又对老头说:"老巫师,你看一个月中的哪一天最有利于我们之间的沟通呢?"

老巫师手捻须髯:"若是按照天干地支去告诉他们日子,他们这个年纪铁定是记不住的,不如这样,每个月的月圆之夜,你们各自占卜,一定能够顺畅沟通。"

妇好一拍手:"那就这么定了。月圆之夜,我们交换信息。还有,你们占卜的时候最好找到祖先宗庙,那里有历代商王护佑,必定安全。"

我忽然有个隐忧,但不知道该不该说。

妇好察觉我的脸色有变,就问:"子六,你有什么顾虑?"

我想了想——还是说了吧,要不然以后后悔就晚了,"王后,我想这次回去毕竟有危险,我倒是不惧,但我的老弟尚且年幼,又不会法术,我恳请您让我一个人去,我保证完成任务!"

子满望着我,眼光里先是充满了感激,接着又充满了愤怒,还有几分鄙视。

妇好有些迟疑:"子六,我知道你怕有闪失,但你一个人回去我不放心,况且子满虽说年纪小,但他精通占卜,应该会是你的好帮手!"

这时候子满也把胸脯拍得山响:"王后,别听我老哥的,他是怕我们俩都回不来,我老爸就没儿子了,可是打虎还得亲兄弟,我怎么可能让他一个人去呢?"

我瞪了子满一眼,心里说——这小子真不知道深浅,穿越是闹着玩的吗?一旦有个闪失,我怎么跟老爸老妈交代!我本想再争取一下,可是看着子满那自信的小眼神,心想算了,带着他去算是个伴儿,可解我旅途之烦闷,寻宝之无聊。

妇好一见我们兄弟的态度,心里更加欢喜,就把两耳上的玉龙、玉凤摘下来,交到我跟子满的手中,说道:"这玉龙、玉凤是我四季所佩戴,未尝一日离身,今天给了你们两个,好生完成任务,玉在如我在,切不可荒废时日,我等着你们的好消息!"

我跟子满齐声说:"您就放心吧!我们什么时候出发?"

"急什么?今天且去歇息,明天上午宗庙问卜,子满亲自占卜,看卜辞怎么说!"

3

多少年以后,子满依然还记得他被任命为贞人,在殷都太庙进行占卜大放光彩的那一个上午。

当时，大王武丁也来参加占卜，坐首席，妇好作为大祭司和大统帅，坐在大王的旁边，两边是各级臣僚和巫师。当日旭日初升，惠风和畅，万物勃发，十分利于占卜。

新任命的贞人子满，头戴绿松石鸟纹铜冠，身穿褐袍，手握法杖，端坐在太庙的桌案前。案上放着攻治好的龟甲。吉时到了，子满嘴里念念有词，旁边放置的铜鼎开始燃起火来，火苗扑腾乱窜。子满把树枝放到火上烧，发出"嗞嘎、嗞嘎"的声响。很快树枝烧红了，他用双手恭恭敬敬地握紧，对准龟甲上钻凿的洞眼，把冒着火的树枝插进去，就听"卜——"的一声，龟甲开裂出一道纹理，这就是"卜兆"或"兆枝"。

这时候，贞人子满一脸肃穆，低沉地说："大王命辞！"

武丁也严肃庄重，在武士的引导下，来到太庙之内，声若洪钟地说道："小子武丁，在甲申日，问卜子六、子满返回先古事，一曰吉，一曰凶。"

贞人子满匍匐着，将龟甲放到

桌案上，仔细观察着龟甲的纹理，然后朗声说："占曰：'遇小臣则吉，不遇则凶'！"

此时此刻，妇好站起来，双手捧着鸮冠，高高举过头顶。所有在场的人，除了武丁外，全都跪倒在地，头贴着大地，嘴里山呼："天佑大商！天佑大王！天佑王后！天佑祭司！"

又有宫廷祭司领舞，御用舞蹈队开始起舞，跳的正是歌颂商朝列祖列宗的颂歌。伴随着舞蹈，舞人们还齐声唱起了歌，唱到热烈之处，就连武丁与妇好都忍不住击节相和。

我心情激动，对商朝的祖先充满了无限憧憬和缅怀。创建一个国家多不容易啊，我们班主任时常说，管理一个班级都太难了，何况是管理一个国家？相传，商的远祖契原是帝喾的儿子，其母简狄食玄鸟蛋受孕而生下他，然后筚路蓝缕，一路开拓，帮助大禹治水，立下丰功伟绩，为后世奠定根基；到了成汤王的时候，大胆起用奴隶伊尹，征讨葛伯和昆吾，扩充实力，收获人心，最终在鸣条一战，灭夏兴商；至盘庚大帝，将屡次迁都的大商稳定在殷都，从此大商不再迁徙，有了定鼎九州的大业；到了商王武丁这一代，更

是英雄辈出，一往无前，开疆拓土远迈前代，商朝版图空前辽阔，实力独步天下，尤其是妇好当上大祭司之后，"失败"这两个字对于商王朝来讲竟然成了罕见字眼，商朝蔚然中兴，彪炳史册。

我正在无限感慨中，就听贞人子满喊了一声："卜毕！"

话音一落，他又念了几句咒语——鼎里的火熄灭了，余烬在微风吹拂下，盘旋上升，在鼎的上方形成了一个甲骨文的"吉"字，然后慢慢地消失了。

贞人子满在龟甲上刻写道：

甲申卜，满贞：子六、子满将有事欲先古。

王命：一曰吉，一曰凶。

占曰：遇小臣则吉，不遇则凶。

验：——

如此，一条完整的卜辞就出来了。

原来，商代用甲骨占卜有着非常严格的程序和记录方法。一篇卜辞一般包含四个部分：序辞、命辞、占辞和验辞。其中，序辞记载占卜的日子和贞人之名；命辞，记载所要卜问的事情；占辞，记载贞人根据卜兆或兆枝所做出的预测；验辞则是对占卜结果的一种检验。值得注意的是验辞要经过一段时间以后才能做出，不可能当时就得出检验的结果。

贞人子满把卜辞整理好，并涂上鲜红的颜色，放到王室"图书馆"一个专门存放有待验证的甲骨卜辞的储存室，等待将来我们从古代回来，用真实的结果填刻完整未完成的卜辞。

占卜仪式过后，人们都散去了，只剩下妇好、子满和巫族的一些人。现在要做的就是穿越了。

最终，我们选择了太庙后殿的一棵古柏，作为穿越的媒介。那棵古柏据说是当年成汤王亲手所植，我们利用它，就可以直接穿越到商汤的时代。

这下该我大显神通了，我故意自创了一些仪式，搞得花里胡哨，唬得子满一愣一愣的，在他好奇发愣的时候，突然一道白光闪现，我们的眼睛都被刺得睁不开了，然后耳畔就生起了猎猎的风声。

如果当时有一部摄像机，或者一部智能手机，一定会记录下惊心动魄的一幕：当一道白光闪过，两个活蹦乱跳的孩子倏地就凭空消失，不知去向了。

大概只有凝视着苍翠之柏的妇好，才会为我们的消失遥遥送上祝福。

第 5 章
鸣条大战

①

当我们再次睁开眼睛的时候,眼前的场面更加壮观。我不由得感叹,上一次我们莫名其妙地穿越到了商朝,正好赶上妇好杀人祭祀。这一次虽然不像是在杀人,但也是在祭祀什么东西。

一个开阔的广场上挤满了人,正中央建有一座高台,上面放着一个大铜鼎,大铜鼎旁边站着一个人。不远处有一个作坊式的建筑,里面有十几个精壮的奴隶正在劳作。

好家伙,这是在集体劳动吗?我跟子满因为个子小,很容易就挤到人群前面。离高台很近了,我仔细看了看台上的铜鼎和那个作坊,抑制不住激动,小声跟子满说:"老弟,这次咱们可来着了,就等着大开眼界吧!"

子满左张右望,不知道我指的是什么:"老哥,你可别吹牛,现在我饿得肚子咕咕叫,哪有力气大开眼界!"

"你小子就知道吃!你往台上看!"

子满伸着脖子往台上看,很是不以为然:"一个大鼎,有什么好看的?"

"老弟,这鼎就是个宝贝!"

"老哥,你可别唬我,铜鼎在商朝到处都是,怎么偏偏这个鼎是个宝贝?"

"你仔细看看上面的纹路,看到了吗?那可是大名鼎鼎的兽面乳钉纹方鼎!是不是印象很深刻?"

"老哥,你这么一说,我想起来了,老爸给我们讲过这个方鼎的故事,台上这个就是它吗?"

"那还假的了?我看它现在是刚铸造出来,旁边那个作坊就是制造青铜器的,你瞧——他们现在还在造什么呢?"

子满朝作坊望去,嘴里发出啧啧的称奇声。

作坊的外边堆着一大堆黄土,这些黄土几乎没有杂质,土的颗粒大小粗细均匀,连色泽都非常相近。土堆边上是一条人工引渠,其间溪水汩汩流淌。水渠的上面是一架简易的风车，下面支着筛网。奴隶用工具把黄土填到水车的簸箕上，经过研磨、水洗、过筛、沉淀等工序，使黄土变得细滑，手感极佳。

"这是在给黄土'洗澡'了！"我想起老爸讲过的制造青铜器的工艺流程，"接下来该铸模了。"

"洗澡？煮蘑菇？难道是要请我们吃大餐吗？"

"想得美，好好看看！"

把精选的泥、沙、水按照一定的比例混合以后，只见奴隶手拿着刮泥板，将泥料刮出了所要铸造的青铜器的形状——开始是一个长长的棍子的形状，后来形状渐渐繁复起来，好像是一只鸟首，眼睛大大的，耳朵竖竖的。类似于如意金箍棒的细圆柱体倒是好刮，但刮这个鸟首，花了很长一段时间。

我看子满都快饿晕了，就用眼神告诉他，好好观看铸造鸟杖的过程，没想到这小子由鸟首联想到了烤鸽子，结果更加饿了，直咽口水。

铸模完成了，开始制范。一模一范，模在内，范在外，一凸一凹，互为阴阳。制范对于铸造青铜器来讲十分重要，它关系着器物外表的美观程度。鸟杖的模子刮好以后，表面撒一层黑烟灰作为脱模剂，然后填入泥料层层夯实，脱模后再进行修整,然后阴干即可,外范即告完成。

由于鸟杖相对方鼎和铜尊来说简单,只需要上下两块范就行了,到时候一合范就行了,不像有的青铜器,需要三块甚至更多块范,最后合范的工作也十分烦琐。

"你想象得到吗?我们后来所用的诸如:劳动模范、学习模范等词语,都由最初的这个'模'和'范'而来。可见在历史长河中,不但文字的字形发生了改变,其用法和词义也会引申和改变!"

"老哥,唯一不变的就是人饿了要吃东西,要不然神仙也受不了!"

我懒得搭理这个馋鬼。我对青铜器的铸造工艺有着浓厚的兴趣,以前只是听说,没想到现在竟能在现场观摩。

接下来,他们就该往制造好的模范里加注铜汁了。据我了解,青铜,古称"金"或"吉金",并不是单纯的铜,也不是青色的铜,而是红铜与锡、铅等化学元素的合金。因为这种合金在漫长的年代里会发生一定的化学反应,使得表面形成一层青色的铜锈,故被后人称为"青铜"。

商朝的时候，铜矿最先被认识和开采出来，但由于红铜的硬度低，难以制作成器，所以人们就学会了提炼锡，掺进红铜里面，一下子就把铜的硬度提高了。而且加锡越多，铜就越硬，当然也会变得越脆。

奴隶们把按照一定比例配比好的合金溶液——沸滚滚的铜锡汁（铜锡汁泛着赤红色的光），小心翼翼地注入模范，之后便是等着溶液凝固冷却。

这时候，广场上响起一阵欢呼和激昂的喊声："汤王万年！鸮神万年！大商万年！"

听到"鸮神"这两个字，我的眼睛立刻一亮。子满也把饥饿扔到爪哇国去了，瞪大了一双眼睛，竖起了一对耳朵。

我兴奋地告诉子满："来得早，不如来得巧，咱们正好来到了玄鸟宝杖的制作现场，你说神奇不神奇！我说怎么一根棍支着个鸟首呢，我真是笨死了，早就应该想到的！"

"老哥，你不是笨死了，你是跟我一样饿晕了，只是你不肯承认罢了。"

"闭嘴，都是你在我耳边说着饿来饿去的，把我的思绪都给搅乱了。"

此时，子满突然拽了一下我的衣服。我的眼神向高台望去，就发现一个人上了高台，看样子是要发表演说。

2

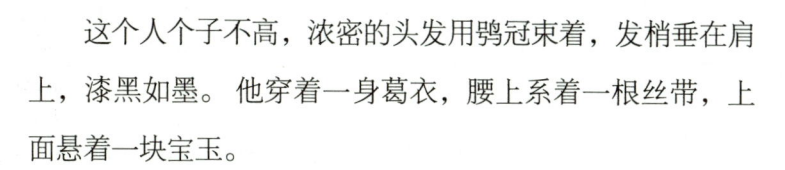

这个人个子不高，浓密的头发用鸦冠束着，发梢垂在肩上，漆黑如墨。他穿着一身葛衣，腰上系着一根丝带，上面悬着一块宝玉。

这人稳稳当当地站在台上，广场上所有的人立刻跪倒，口中呼喊"万岁"。从刚才人群的表现来看，这人一定是成汤了。

汤摆了摆手，示意人群站起来。接着他用饱满昂扬的嗓音说："父老们，你们辛苦了！大战在即，我知道你们心里忐忑难安，我何尝不是呢！自夏王孔甲始，淫乐无度，招致百姓怨恨，诸侯反叛，至今已过四代。当今的大王履癸，更是荒淫无道，宠爱妖姬妹喜，让老百姓吃尽了苦头。"

子满偷偷地问我："妹喜是谁啊，怎么说她是个妖姬呢？"

我白了他一眼："你哪里知道，这个妹喜确实是个妖姬，美若天仙，自从履癸，也就是夏桀爱上了她，就不思进取，终日与她以及一干宫女饮酒作乐，荒唐至极。老弟，你可别瞎问了，好好听汤王说吧！"

汤不无痛惜地说："有消息说，大夏重臣关龙逄已经被

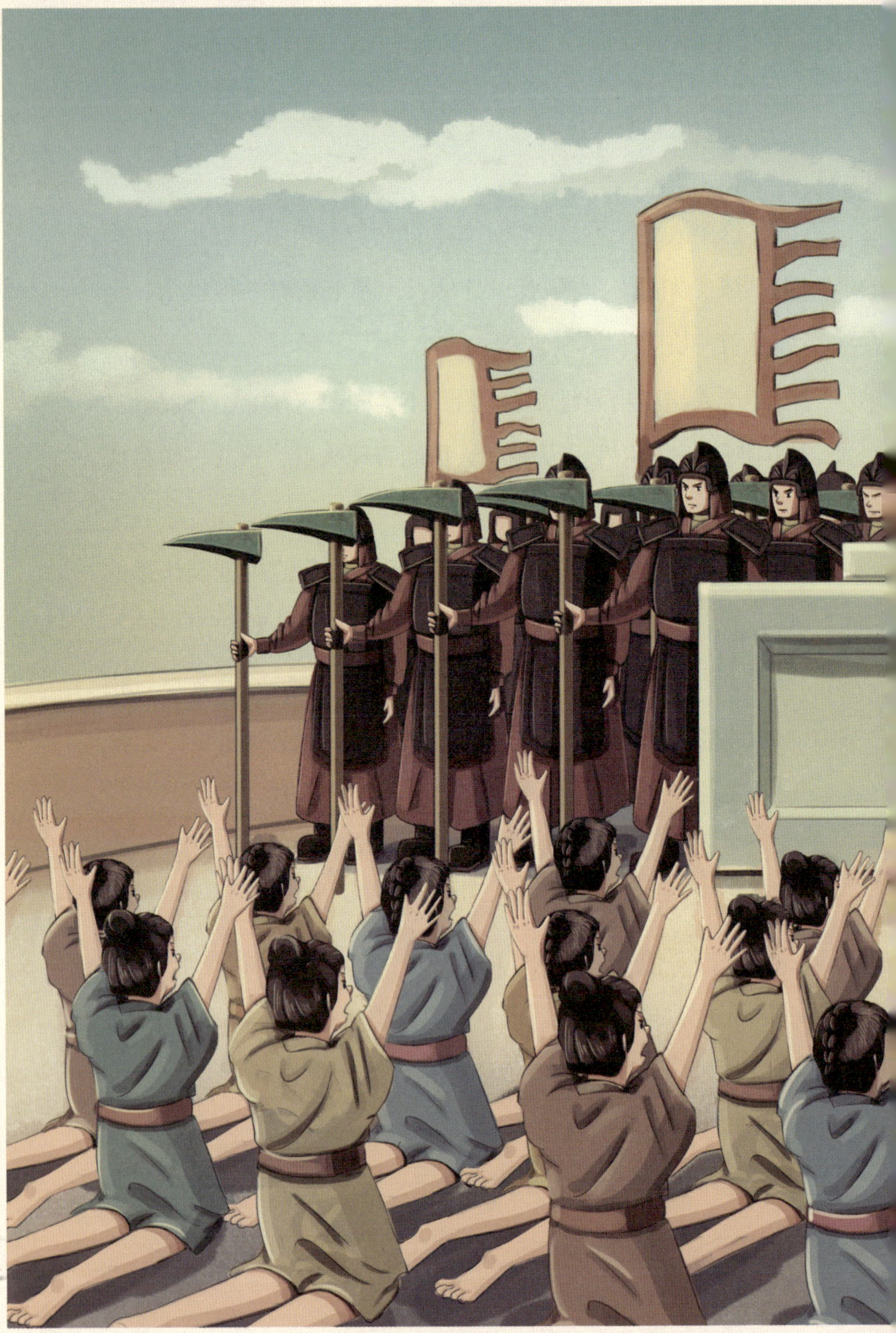

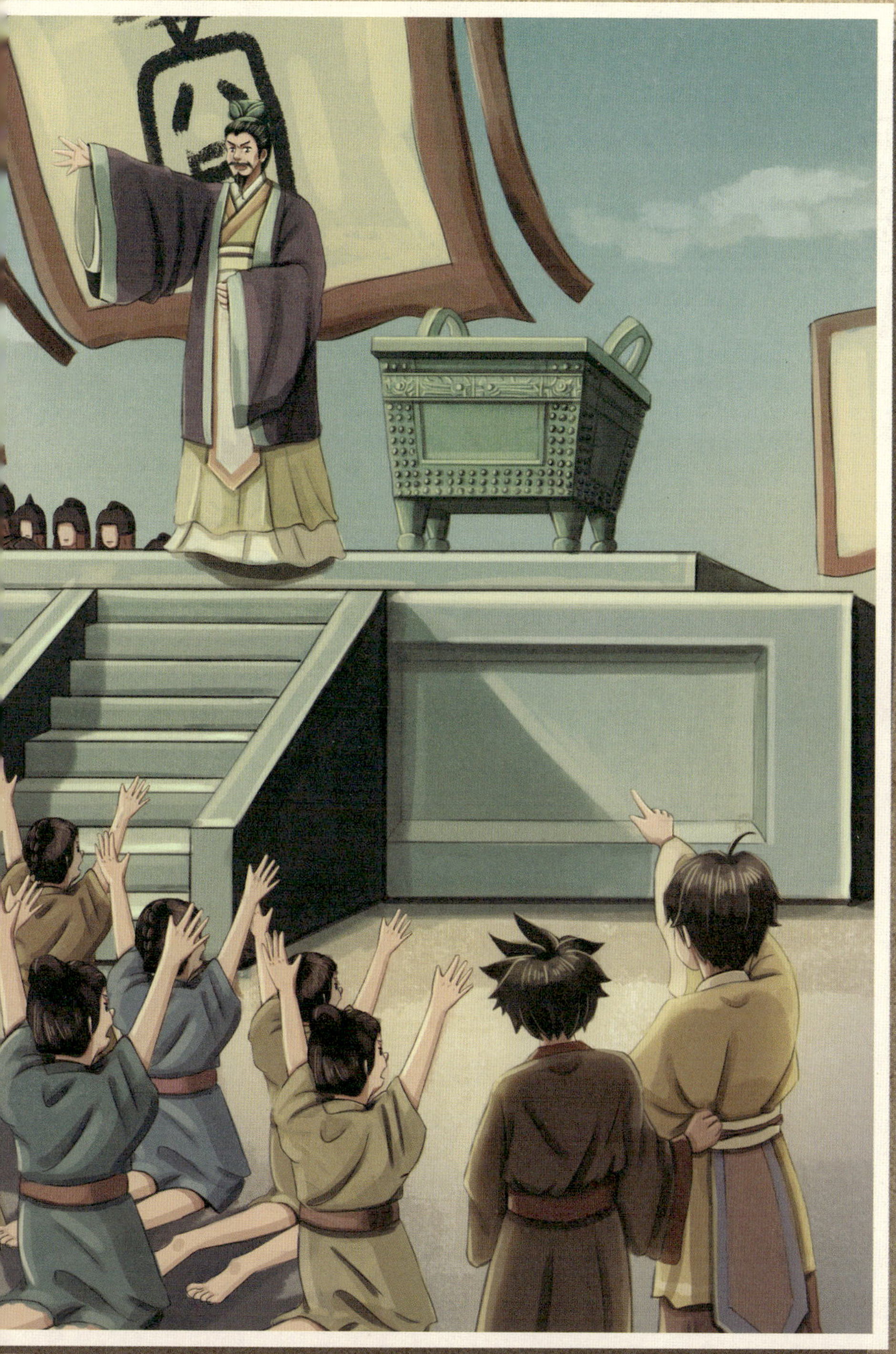

履癸杀了！天丧大夏，此其时也！我们大商从契开始，一路筚路蓝缕，艰辛开拓，已经几百年，如今，在祖先的庇佑之下，大商的地盘逐渐扩大，我们的军队日渐强盛，我们的粮草堆满仓廪，我们的部族日益强大。就在前不久，我们完成了十一征十一胜的战争神话，大多数亲附夏的诸侯都被我们打败了，接下来我们就要准备对夏用兵！"

广场上的人群一时激情澎湃，振臂高呼："大商威武！汤王威武！"

汤挥挥手："前一阵我消失了，有流言蜚语说我死在了夏都，你们看现在我又活生生地站在这儿了，这些别有用心的人又寝食难安起来。不过，无风不起浪，我虽然没死，却也经历了一番生死劫难。我打算征伐最后三个跟夏结盟的诸侯国：韦国、顾国和昆吾。履癸得知消息后，就先发制人，以召我入朝的名义将我囚禁在了夏台。我们买通了履癸的宠臣和妹喜，说我得了重病，经过好一番折腾，我才得以脱困。"

"大王万年！祖宗保佑！大商无恙！"

就在此时，子满低声说了一句："老哥，作坊那边有动作了。"

我望过去，知道是模范里的铜汁凝固冷却了。有三五个奴隶用力把模范打开，玄鸟宝杖的雏形也出来了。接下来是更为细碎繁复的工艺流程。当初在制范的时候，宝杖的纹饰已经制好——纹饰往往在范面上制作，经由起稿、画线、挖主纹、压底纹、贴泥条等工序来完成，这些都是相当精细的活计，会消耗大量的时间。模范撤去后，这些纹饰露出来，需要精心打磨纹饰，使其焕发光彩。

玄鸟宝杖的杖体部分用的是夔纹，部分用的是蟠螭纹。相传，夔是一种近似龙的动物，图案多以"一角、一足、口张开、尾上卷"的形式呈现。随着时代的发展，夔纹也渐渐演变为几何图形的形式，作为器物上的主要纹饰。后来，夔纹演变为蟠螭纹。其形似夔纹，张口、卷尾，大多以盘曲的小蛇组合构成较为繁复的图形。

在制作纹饰的时候，还要同时制作铭文。铭文通常采取贴泥条的工艺去完成。玄鸟宝杖的铭文非常简单，只有八个字：战无不胜，大商永昌！

整个玄鸟宝杖制作完成以后，还要进行最后的打磨抛光，把多余的铜块、毛刺、披缝等修理干净，一条赫赫生辉的玄鸟宝杖便鲜活地呈现在人们的面前。

奴隶工头虔敬地把宝杖举过头顶，送到高台之上汤的手中。

汤的眼中满是欣慰,激动地把宝杖高高举起,嗓音颤抖地说:"天佑我大商,鹗神宝杖终于大功告成!"说着,他跪在台上向上苍祝祷。人群也纷纷跪拜,跟着汤王一起感谢上天。

子满却有一点儿不解,问我:"不是玄鸟宝杖吗?怎么汤王管它叫鹗神宝杖呢?"

"因为玄鸟是商族的图腾,鹗是商族的'战神',汤要打败夏桀肯定要祈求'战神'保佑,因此才铸造了鹗神宝杖。大商建立后,放马南山,刀兵入库,当然就不希望有人再打仗了,所以汤的后世就把鹗神宝杖改叫玄鸟宝杖。"

"原来如此,差点儿把我弄迷糊了。"

"你还用别人把你弄迷糊吗?你是自带迷糊!"

我还想多揶揄他几句,就听见汤又开始说话了。这些开国帝王个个都是演说家,也是,要不然怎么能团结大众呢?

汤说了这么多,既不渴也不饿,中气十足:"对夏用兵绝非易事,要知道大夏虽然已经穷途末路,但军事实力不容小觑,大商实在没有必胜的把握。我们还需要忍耐些时日,等待时机。现在鹗神宝杖铸造成功,这可是一件大喜事!

这可不是一柄普普通通的铜杖，而是凝聚了大商历代祖先的意志，承受了大商历代巫王的赐福，寄托了大商'战神'鸮神英武灵魂的三位一体的法器，有了它，我们大商灭掉大夏的日子就不远了，我大商子民摆脱大夏奴役的日子也快结束了！历代的祖先和巫王们，'战神'鸮神，赐福大商！保佑大商！"

"赐福大商！保佑大商！汤王万岁！"呼喊的声音如同沸腾的潮水，一波又一波，在广场上此起彼伏，经久不息。

子满不解地问："老哥，什么叫巫王？"

我指了指汤："他就是巫王。在商族看来，他们的王既是俗世的主宰，又是通灵的媒介，说白了，商王既是世俗社会的最高领袖，又是巫族最高的权威。"

"那妇好作为大祭司并不是商王啊？"

"我说的是一般情况，当然有特殊情况了，笨死你得了！"

子满不服气，还想辩解，但他的细微声音很快就被广场上涌起的声浪给吞噬了。

这时候，大商的子民簇拥着汤王唱起了歌，刚开始不齐，后来慢慢整齐划

一，声音和音调会聚到一个频率上，时而低沉，时而热烈，时而缅怀，时而歌颂，歌声如泣如诉，听者无不动容。

> 好伟大呵！又华丽呵！摆起我们的小鼓和大鼓。
> 鼓的声音和美又洪亮，怀念我们伟大的先祖。
> 汤的子孙奏起祭祀的音乐，是先祖使我们安定平和。
> 渊渊和美的鼓声，嘒嘒清脆的管声。
> 既和乐又平安，配合着泛泛的磬声。
> 伟大煊赫的成汤子孙，庄严美丽的音乐声音。
> 钟鼓铿锵隆隆地奏着，万舞娴熟盛大地舞着。
> 许多助祭诸侯是我们的贵客，也都十分欢乐喜悦。
> 从近古到远古，先民们有助祭的仪式。
> 从早到晚都温和谦恭，恭敬地执行着祭祀的礼节。
> 纪念我们按时举行的祭典，成汤的子孙奉祭先祖。

我记起这首古老的诗词是《诗经·商颂》里的那首《那》，是来颂扬商的先祖和成汤王的，我虽然没亲历过大商先祖开疆拓土的艰苦历程，但依然被这首歌舞所蕴含的崇敬虔诚的感情深深打动，眼睛渐渐湿润。

3

由于我擅长一点儿小巫术，子满擅长攻治甲骨、读写甲骨文，我们有幸被编入了汤王的近卫军，负责对夏作战的占卜和文书工作，官职虽然不大，也不起眼，但却能近距离接触大名鼎鼎的商汤。更为重要的是，鸮神宝杖就放在汤王的近旁，我们可以暗中观察宝杖的动向。

对夏作战的准备工作正在有条不紊地开展，其中有一件非常重要的事情，引起了我跟子满的注意，那就是汤王手下最著名的大臣伊尹从夏都回来了。这个以间谍身份混进夏朝大本营的厉害人物的回归，预示着汤王对夏的战争进入了实质性阶段。

就在此时，夏朝的最后一任君主履癸突然发现了商汤的不忠和叛变，当即决定先发动进攻，以便瓦解商汤的战略部署。履癸派遣九夷部落去攻打商族。九夷部落在大夏诸部中实力最强，忠心可鉴。如果九夷跟商族之间发生战争的话，商族的有生力量就会被消耗，就会失去跟大夏决一死战的实力，因此商汤采取伊尹的建议，跟履癸说好话、送大礼，暗中也给其宠姬妹喜送了一份。

履癸接受了商族的厚礼以及枕边风的一阵猛吹，向九夷部落下达了停止进军的命令。九夷部落首领一看履癸竟然视战争如儿戏，心中非常懊恼和失望，负气回到了自己的领地。

　　在此后一年的时间里，商汤派遣伊尹在大夏和九夷之间大行反间之计，结果搞得九夷部落不但不再听从大夏的调遣，而且还决定背叛履癸。

　　众叛亲离之下的大夏，陷入内忧外患当中——在外部，诸侯国纷纷脱离大夏的统治，加入商族的阵营；在内部，一场大旱为商族的进攻提供了一次绝佳的机会。

　　夏朝的都城临近黄河，从黄河引水入城，将整个都城保护在护城河内。而大旱导致护城河彻底干涸。商汤抓准时机，就在当时的商都景亳宣告履癸的罪行，誓师伐夏。

　　商汤组织了一支由七十辆战车和五千步卒组成的军队，在他本人、伊尹和仲虺的指挥下，浩浩荡荡地向夏都进发。

　　临出发之前，在商汤的亲自主持下，由当时的大祭司巫祝引领着祭司巫玄、巫而、巫酉、巫显，次级巫师巫矢、巫

保以及小巫师巫六，史官巫平、巫满，举行了盛大的祭天仪式。

在这次祭天活动中，我和子满虽然年纪小，却表现突出，我们对此次决战进行了占卜，卜出战争期间将暴雨滂沱，商军需提前做好防范，这为商军取得最后的胜利奠定了基础。

商军大军压境的消息传到了夏都，履癸觉得商军实力难以对敌，不可硬碰硬，于是决定避敌锋芒，率领夏军离开夏都。商军扑了个空，虽说占领了夏都，却未能消灭夏朝的有生力量。

商军为搜寻夏军去向，再次进行了占卜，然后按照占卜的方向进发，果然在鸣条之野与夏军相遇，双方立刻展开会战。

大战当天，大旱了许久的老天突然降下暴雨，那雨下得超出了人们的想象，干裂的土地、干涸的河流、焦枯的树木，以及焦渴的人类、鸟兽，一下子得到了满足，不但如此，雨量之大，雨势之猛，夹杂着狂风雷电，一股脑倾泻下来，让人迈不动脚步，睁不开眼睛。闪电劈倒了大树，山洪冲毁了堤坝。两军在这样的情况下展开作战，难度可想而知。

幸亏商军早有准备，他们准备好斗笠蓑衣，将草编的帘子遮挡在额头上，保证雨水遮不住视线。有一支精锐的队伍带来了轻便的木舟——一种简易的木制小舟，只能乘坐两人，一人驾舟，一人持兵器杀敌。木制小舟派上了大用场。

在一片汪洋中，就见商军驾驶着这样的轻舟，左冲右突，前攻后杀，很快就将实力原本就不济的夏军打得落花流水。

在大雨倾盆、雷雨交加中，商汤挥舞着鸮神宝杖，身先士卒，带领商军英勇杀敌。

子满后来在《平夏战纪》中写道：

成汤王亲冒弓矢，不避雷电，在战斗中的商军中起到了很好的表率作用。加之鸮神宝杖的精神鼓舞，商军个个如水中蛟龙，把这些困在雨中的夏军吞吃殆尽。由于夏军疏于防范，当暴雨到来之时，他们的士兵丧失了抵抗的欲望，有些士兵为了在泛滥的洪水中求生，纷纷向商军求饶，结果商军就像捉小鸡一样，俘获了一批浑身湿漉漉的夏军。甚至，这些夏朝的士兵被洪水淹死、被雷击死、被商军游弋的小舟杀死的数量占去了此次作战的夏军主力的大部……

鸣条大战，夏军大败，主力尽丧，履癸带着五百残兵，奔向三朡。三朡是履癸最后可以信赖的诸侯国，可惜军事力量太弱了。商汤带领大军追到之后不到一顿饭的工夫，这个名不见经传的小方国就被消灭。履癸走投无路，只好投降。商汤将履癸流放到南巢的亭山。履癸在流放期间心怀忧愤，最终病死在那里。

就这样，商汤经过一系列的战略部署，采取"伐谋""伐交""伐兵""用间"等多种策略，历经长达二十年的时间，终于完成了灭夏的战争，史称"商汤革命"。

在战后的清算过程中，履癸的亲族、夏王室的近支都被俘获，成了商朝人的奴隶。这些夏朝的遗老无时无刻不想颠覆大商，复辟大夏。

第 6 章
围鼎夜话

①

夏朝灭亡后,汤建立了商朝。鸮神宝杖作为大商"战神"的象征被供奉在神庙内,没有商王和伊尹的共同授权,任何人不得接近或朝拜宝杖,否则格杀勿论。

这下可糟了,我跟子满只有望"庙"兴叹了。

我们必须在宝杖丢失之前拿到它,才可以携带宝杖返回武丁时代,帮助妇好打败巴、蜀、羌三国的联盟。如果宝杖遭窃，而我们又不知道是谁偷了它，那我们就白来了。好在我们现在知道宝杖的确切位置，而且子满还成了神庙外面铜墙铁壁一般的卫队中的一员，神庙周围哪怕有一只蚊子飞过，也不会逃过子满充满警觉的眼睛。

我也曾多次盘算让子满趁机潜入神庙盗取宝杖，后来经过仔细观察，发现此路不通，连一只蚊子都不会放过的卫队怎么会对一个相对于蚊子来讲大它成千上万倍的"人"视而不见呢！

内心焦虑的我急得嘴唇起了泡，后来还是子满提醒我，我才想起应该跟妇好进行沟通，兴许她会有什么好办法。可是屈指一算，这个月才过去七八天，离十五月圆之夜还早着呢。真是越着急，时间过得越慢，我简直度日如年，不不不，是度秒如年！

我被分配到宗庙里看管礼器，倒也清闲自在，每日吩咐人把祭祀用的礼器擦拭一遍，然后再把其他用具擦拭一遍，点个卯，过过数，不缺什么少什么，这一天就算完成任务了。

感觉时间过得太慢，我无聊至极，每天把那些礼器上的铭文看来看去，我觉得我的甲骨文水平一定大大超过子满了，以后他要是再在我面前吹嘘他的甲骨文水平有多高，我会直接鄙视他。

宗庙的旁边是一个藏书室，摩挲完青铜器，我就过去念上几块甲骨文，刚开始是瞎翻，后来有一些记载引起了我的极大兴趣。现将这些资料罗列于下。

王省夔祖，王赐小臣俞夔贝。

王赐小臣缶涡积五年。

王赐小臣邑贝十朋，用作母癸尊彝。

小臣墙从伐，毕危美……二十人四而千五百七百……丙，车二丙，口百八十，逐五十，矢……

癸巳卜，贞：旬无祸。王占曰：乃兹亦有祸？若称，甲午，王往逐兕，小臣甾载一说：车马，硪驭王车，子央亦坠。

……

我发现，在甲骨文所记载的史料中，有许多关于"小臣"的信息。上面前三条，说到小臣随商王外出考察，所得赏赐有某地出产的贝或五年赋税，还可铸作彝器奉祀先人；后面两条谈到了大商与危方的战斗，缴获的战利品有两辆车，以及商王打猎追兕，由小臣甾驾车，结果王的车出了问题，子央也从车上掉了下来。

我心里对其极迷惑不解，这些叫小臣的是什么人？

为解答这个疑问，我对藏书进行了精细研读，慢慢得出这样一个结论，虽然未必是真相，但却离真相八九不离十：小臣不是某一个人，而是一个族群❶。

晚上回到住处的时候，正赶上子满换班休息，我就跟他说起了我近来的研究情况。他忽然若有所思，然后告诉了一件让我十分吃惊的事，他的同僚里就有小臣。

"啊！啊！啊——"我连续"啊"了最起码得有二十声，"子满，你真是及时雨啊，快跟我说说！"

子满看我激动的样子，赶紧说："我们白天站岗，夜里巡逻。巡逻的时候，三人一伍。其中有一个跟我一块巡逻的，就是一个小臣，叫摄龟——原来是给商王传令的，如今来保卫鸮神宝杖。"

"给大王传令，这可是重要的官职啊，应该是大臣啊，怎么叫小臣呢？还有别的吗？"

子满歪着脑袋想了半天："对了，想起来了，还有一条大新闻，说出来你可能不信！我的这位同僚亲口告诉我，而且是以非常自豪、骄傲的口气说的，说当今的丞相伊尹就曾

---

❶ 也有人认为小臣是官名，指阉臣。

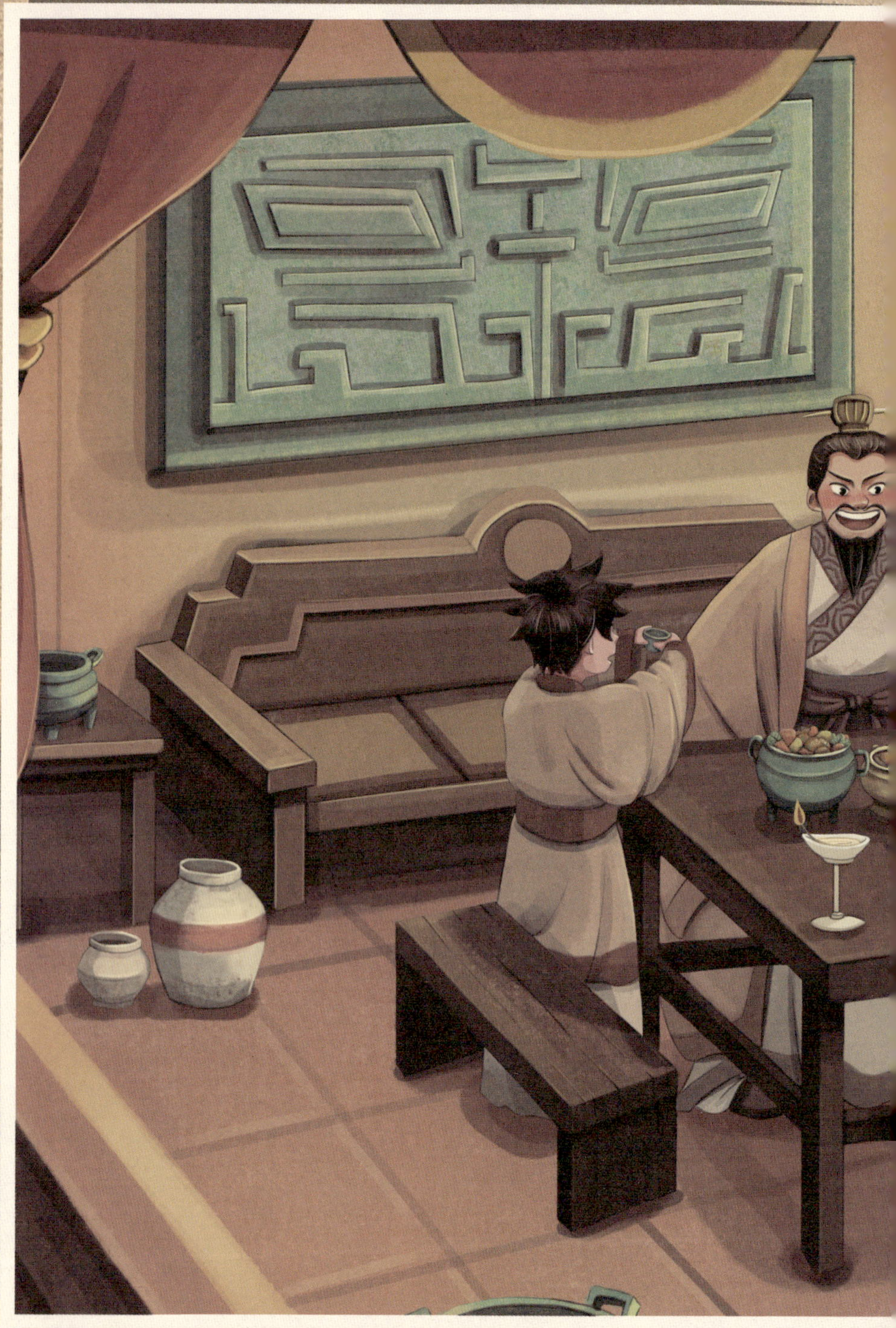

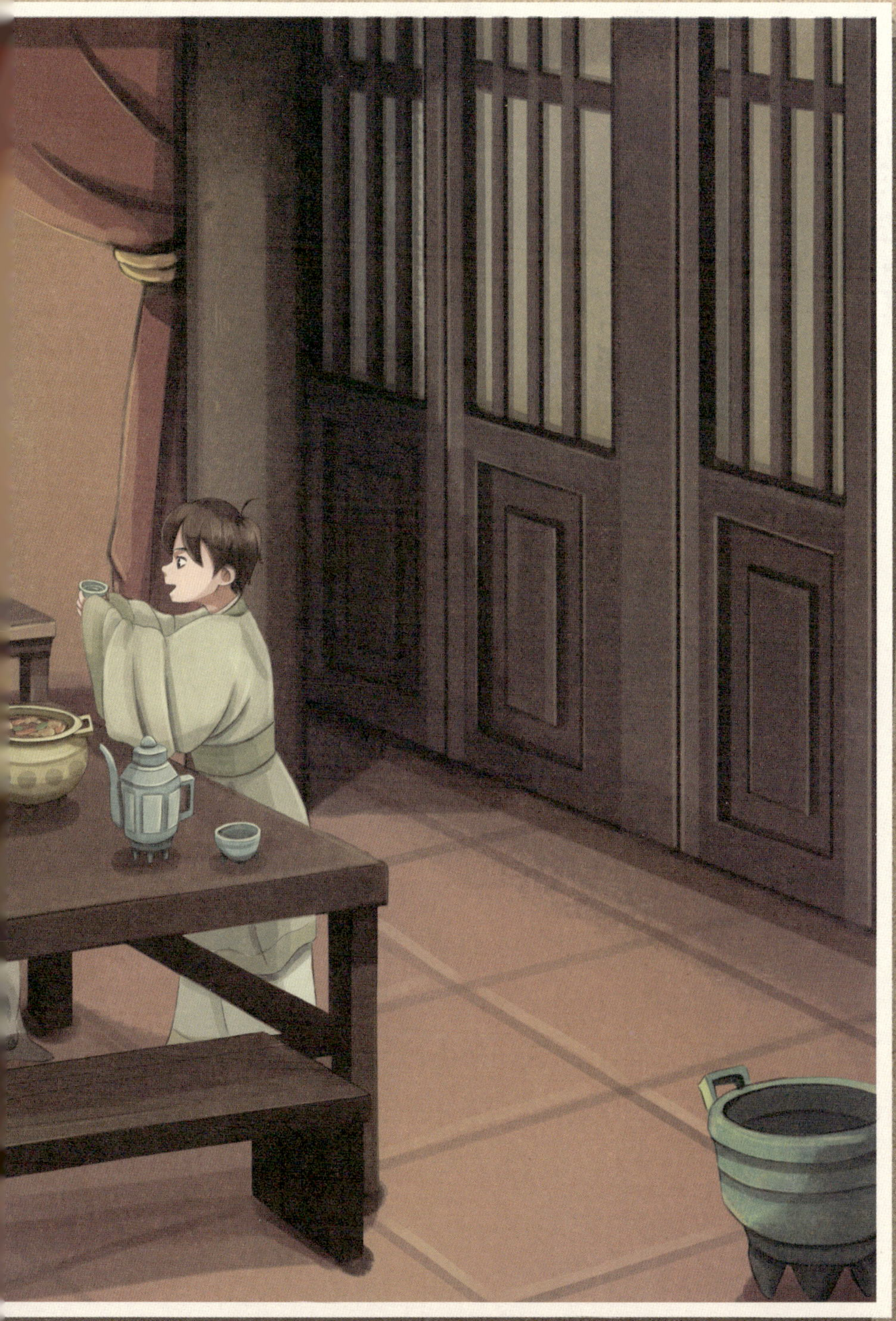

经是个小臣!"

"什么!你说什么?再说一遍!"

"伊——尹——是——个——小——臣——"子满用尽全力说道。

"这不对啊,伊尹在商朝的地位简直就是一人之下万人之上,怎么会是个小臣呢?会不会你这位同僚说错了?"

"你读过那么多书,难道还要问我吗?"

"伊尹出身倒是卑微。据说有一个采桑女到伊水河畔采桑,突然听到婴儿的哭声,循声就找到了一个弃婴,因不知道姓名,又是在伊水边发现的,就管这个弃婴叫伊。采桑女把伊献给了有莘氏的首领,有莘氏把伊交给他的厨师抚养,因此伊尹从小就是个厨子。后来,他做了有莘氏女儿的老师,在汤迎娶有莘氏女的时候,他作为陪臣来到了大商,成了汤的厨师。

"汤召见他时,他就跟汤大聊烹饪技术,说什么烹饪之道,首要就是认识原料的自然属性,如水居者腥,肉玃者臊,草食者膻;其次才是调节水、火,认为味之根本是水,要消除腥、臊、膻,秘诀则在于对火候的把控;一道佳肴,五味的先后、用量、配比十分微妙,不可言传……治大国如烹小鲜,要想尝遍天下美味,就得成为四海共主,就得实行仁道。当时把汤说得心悦诚服，当场就解除了伊尹的奴隶身份，让他时常陪伴在左右。"

"难道小臣的意思就是近臣、重臣的意思？"子满是这样理解的。

"看来我确实低估你了，老弟，我的意见跟你保持一致！"

"那就好，那就好，我还以为你又要贬我一顿呢。"

"看来小臣并不能按字面的意思去理解，说成是微不足道的小官，而应该从他所处的地位以及他所服务的对象去看，他们不是给商王驾车，就是给商王做饭，要不就是给商王传令，随着商王出征，陪着商王祭祀，甚至是辅佐商王治国！"

"老哥，这很重要吗？"

我也不知道该怎么回答老弟这一疑问，我只知道漫漫时光在我对小臣的研究中消磨得很快，眨眼就到了十五月圆之夜。

2

月圆之夜的占卜活动开展得很顺利。当晚月明星稀，

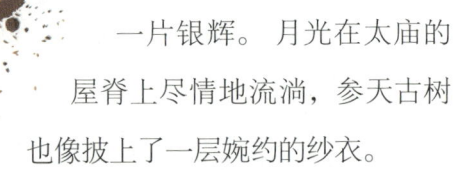

一片银辉。月光在太庙的屋脊上尽情地流淌，参天古树也像披上了一层婉约的纱衣。

这一夜，满月当空，是一月当中阴气最盛的时候，又是在太庙这个祭祀列祖列宗的地方，从而具备了沟通不同时空的强大条件。汤时代的甲骨在巫师的灼烧下，正面会裂开纹路，当进行古今沟通的时候，甲骨的背面也会裂出纹路，而背面的纹路则是武丁时代的巫师所占卜内容的显现。武丁时代接受汤时代的卜辞信息也是如此。

当时双方进行沟通的卜辞被子满收录在他后来所撰写的《绝妙卜辞》之中，现摘录于下。

正面

序辞：壬子日，满贞。

命辞：鹅神宝杖得与不得事。一曰得，一曰不得。

占辞：密而不得，疏而得。

验辞：——

背面

序辞：戊辰日，冥贞。

命辞：后曰：六、满可否获杖？一曰可，一曰否。

占辞：亲小臣可，不亲否。

验辞：——

再占——

正面

序辞：壬子日，满贞。

命辞：小臣善与恶。一曰善，一曰恶。

占辞：善。

验辞：——

背面

序辞：戊辰日，冥贞。

命辞：后曰：六、满可得小臣助？一曰可，一曰否。

占辞：可。小臣即巫。

验辞：——

再占——

正面

序辞：壬子日，满贞。

命辞：伊尹为顺为逆，一曰顺，一曰逆。

占辞：大义则顺，小爱则逆。

验辞：——

背面

序辞：戊辰日，冥贞。

命辞：后曰：先王佑否？一曰佑，一曰不佑。

占辞：先不佑，后佑。

验辞：——

三占过后，通过记录的卜辞可知，在取得鸮神宝杖这件事上，充满了风险和变数。其中最大的变数就在于"先王"和"小臣"这两个人，或许这不是两个人，而是两类人。这两类人需要我跟子满去做工作。

经过我们一定的努力游说，伊尹应该会帮助我们，但这个"先王"究竟是哪个先王，是汤王还是后面的丁、外丙、中壬、太甲、沃丁？就不得而知了，因为伊尹死于沃丁时代,如果是沃丁以后的先王,妇好就不会拿伊尹来说事了。

当务之急是先搞清楚伊尹和小臣的关系。

这事还得从子满的那个同僚身上打开突破口。怎么搞定小臣摄龟呢?我跟子满把头发都快急白了。最后我突然想起来,我们身上带着宝贝呢,我带着妇好的玉龙,子满带的是玉凤。到了这个关头,只有舍得宝玉,来让小臣摄龟"爆料"了。

第二天,我们决定约请小臣摄龟喝酒——我们在汤时代的收入虽然赶不上武丁时代,但请人吃顿酒还不至于犯难。我们找了一家口碑还不错的小酒馆,在里面寻了一个僻静的位置,叫了满桌子的好菜和两坛好酒,等着摄龟。

时间不长,小臣摄龟就来到我们的住处了,因为是休息日,他穿得很随意,头上只用一个铜箍勒住头发,身上穿着便服,全无铠甲。

我们寒暄了几句,就饮起酒来。很快,我们准备的两坛子酒就在觥筹交错中喝光了,我立刻又要了两坛子。

子满佯装微醺:"摄龟兄弟,你的酒量可不得了,我服了!"

小臣摄龟已经过量了,嘴上开始打滑:"这点儿酒算得了什么!这里的酒不行,要换作以前,这里的老板用车来接我，我都不会来这样的地方！"

子满随声附和道："是啊，这种小地方怎么请得来小臣大爷呢！"

摄龟看了子满一眼，充满自豪地说："兄弟，真不是跟你吹，我们小臣家族个个都是大王身边的人，喝的酒都是大王御赐的佳酿，别的可就难入喉喽！"

"那是！这么说来，小臣还是个家族？这我可是头一次听说！"

"按理说，我们是不能对外说的……"他喝多了，嘴里直打秃噜，说到一半竟然接不上来了。

我给子满递了一个眼色。

子满把玉龙奉上。摄龟拿在手里，嘴上乐开了花。

"要不是看你们兄弟实在，打死我也不说，这可是割舌头的罪过。"他现在已经喝得找不到自己的舌头了，"告诉你们，小臣既是一个职位，也是一个家族。世人往往都知道小臣是大王的近臣，职位虽不见得多高，但重要性没的说。但很少有人知道，小臣并不是谁都能当的，只能从小臣家族里遴选，经由小臣家族头领的批准才行，我们首要的一条就是绝对效忠大王，死了都不能有二心！"

"头领？"

"对啊，你们别以为我只是神庙卫队的一员，你们哪里知道，整个卫队里有好几个小臣呢，都是替大王在这里护卫鸮神宝杖的。再告诉你们一个秘密吧——"我真想掰开他的嘴巴，把他的舌头捋直，就听他不太利索地说道："现在小臣家族的头领就是伊尹大人，他的真实名字叫伊小臣。小臣家族只有头领叫某某小臣，族人都叫小臣某某。小臣家族低调行事，从不以家族面貌示人，我们可是巫族的一个重要分支，我们的主业是充当各级祭司和巫师，顺带着管理农业、车马和饮食等事务，有时候甚至还要随王师征伐。"

我跟子满咋舌不已，原来小臣家族这么厉害，要不经摄龟解释，我们还以为小臣就是出身低贱的奴隶小官呢。更让我们惊讶的是，伊尹竟然就是小臣家族的头领。看来，要想把鸮神宝杖拿到手，伊尹这一关是必然要过的。

③

我们千方百计地要接近伊尹的时候，发生了一件大事，直接打乱了我们的部署和节奏——开创大商数百年基业的汤王去世了。

汤王的去世让大商子民陷入无限悲痛中，农人辍农，商人辍商，学人辍学，甲士辍兵，唯独小臣家族忙得不可开交。他们成立了以伊尹为首的"大商太祖（汤死后庙号太祖）治丧委员会"，筹备长达一年的国丧。

从中央到地方，大大小小的祭祀活动接连不断，祭祀所用的仪轨、礼器、乐舞、甲骨、贞人、卜人、车马、舆服等，上到典章制度，下到鼎鬲桌案，全都由小臣家族操办执行，忙得这帮子人脚后跟打后脑勺，晕头转向。我跟子满虽不是小臣家族的人，可是看到他们忙成这样，也想替他们分担分担。

神庙的保卫工作并没有因为国丧的缘故而放松，反而更加警觉了，害怕有人趁乱生事。子满每天精神饱满、斗志昂扬地去站岗，丝毫也不敢懈怠。

倒是我这个工种——看管重屋（即我们后来说的"太庙"）礼器——原本冷冷清清、寡寡淡淡，现在却成了热衙门，每隔半个时辰，最多不超过一个时辰，就会有人来支领礼器。我先得登记在册，又得清点数量，还要监管安全运输，有时候我看着我那傻人有傻福的老弟，要哭的心都有——我的命怎么那么苦呢，早知道当初我也去站岗值班了！

一天夜里，星光惨淡，阴冷的风从重屋的窗子缝里钻进来，发出鬼哭狼嚎一般的声响，瘆得我蜷缩在那个看管人的小单间里不敢动弹。我用被子盖住全身，捂住了耳朵，心中不住地念——老天啊，你行行好，快点儿让天亮了吧。

突然，窗子猛地被狂风吹开，"哐——当——吱——扭——哐——当——"仿佛在说："老子就是不亮，你能奈我何！"

我闭着眼睛，嘴里背诵课文以抵抗恐惧："盼望着，盼望着，东风来了，春天的脚步近了。一切都像刚睡醒的样子，欣欣然张开了眼。山朗润起来了，水涨起来了，太阳的脸红起来了。小草偷偷地从土里钻出来，嫩嫩的，绿绿的。园子里，田野里，瞧去，一大片一大片满是的。坐着，躺着，打两个滚，踢几脚球，赛几趟跑，捉几回迷藏。风轻悄悄的，草软绵绵的……"

背着背着，就听大殿里传来"当——唧"的一声，把我吓得魂飞天外。

我惊坐起来，仔细听着。风吹到大殿里绝不是这个声音，这分明是有人走路被铜器绊了一下的声音。"当唧——当唧——"又是两声，接着是一串急促细碎的声音，我心里一惊——这是进来人了。后面还有小碎步的轻微声响，可以断定，偷进大殿者不止一人。

这还得了！我这小脾气哪能容忍贼人在我的看管之下偷东西？我刚想大喝一声，驱赶他们，可是我的胆量告诉我，那么做是不明智的，我势单力孤，绝不是人家几个人的对手，但我的良心又告诉我，绝不能对这样的盗窃视而不见。哎呀！这可如何是好？后来，还是理智告诉我，不管怎么样，还是要溜过去听听他们说些啥、干些啥，只要隐藏得好，应该是没有危险的。看来，胆子小绝非我老弟的特权，有时候我也有享受这项权利的资格。

我像猫一样，出了我的小单间，在黑魆魆的大殿里潜行。我把身体藏在一个大铜鼎里，鼎的外面就是那些盗贼聚集的地方——且听这帮贼人说些什么。

其中一个人说："姒老鬼，你把我们几个召集到这个阴森恐怖的地方来干什么？"

一个苍老的声音说："你们这几个孤魂野鬼，难道忘了我们的祖宗了？这是什么地方？商朝的太庙。你们知道这里的礼器有多少是从我大夏宗庙里抢来的吗？"

我倒吸了一口冷气，难道这些人是夏朝的遗子遗孙？这些人在国丧期间来到重屋做什么？我把两只耳朵竖了起来，生怕错过他们的一句话、一个词。

这时，一个颤抖的声音说："商汤就是个强盗，不但抢了我们的江山，还抢了我们的宝贝！"

"现在说这些还有什么用！我们应该赶紧颠覆商朝，复辟我大夏！"

那个苍老的声音说："你小子还算不忘本。你们几个给我听好了，现在成汤死了，伊尹老了，我忍辱负重，观察了很久，商汤的子孙都不成器，不是老迈年高，就是昏聩无能，这可是我们光复大夏的大好时机！"

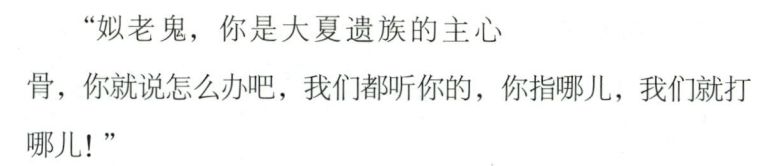

"姒老鬼，你是大夏遗族的主心骨，你就说怎么办吧，我们都听你的，你指哪儿，我们就打哪儿！"

那个姓姒的老人嗓音变得悲伤和沉痛："我们姒氏从大禹王建立夏朝开始，数百年的基业毁于一旦。虽然我的哥哥履癸荒淫无道，但他已经付出了应有的代价，可成汤为什么灭我社稷，迁我宗庙，伤我人民，欺我神灵？此仇不报，我等有何面目见大禹王、大启王于九泉之下？"

有个急性子的人催促道："姒老鬼，我们虽不是履癸的兄弟，但也都是大夏的王族，你别这么哭哭啼啼的，赶紧说怎么办吧！"

姒老鬼一阵奸笑："好办！现在正值成汤死去，我们要让大夏的遗子遗孙们都站出来，尽量地去破坏祭祀活动，让成汤的阴魂不得安宁；其次，我们的人要打入商王族的内部，得到商王的宠信，然后一点一点地，就像小刀子割肉一样，慢慢地让他们国亡身死。受我们蛊惑的，我们就利用；不受我们蛊惑的，就想个法子处死，这样的话，用不了三代四代，商朝就得亡国，我大夏就可以复国了！"

"好，真是太好了，大夏光复有望了！"

"回去告诉我们的兄弟、姐妹及其子孙，接下来我们作为奴隶仆从就要进宫了，一定要忍气吞声，赢得商王族的信任。为了复辟大夏，我们吃多少苦、受多少委屈都是值得的！"

此时窗外隐隐约约亮起了天光，忽然有人模仿鸟儿鸣叫了一声，这些人匆匆忙忙、窸窸窣窣地从大殿出去了。

过了一会儿，我从大鼎里出来，感觉就像做了一场大梦。

不行，这事儿我得告诉伊尹。

第 7 章
瞒天过海

①

主持国丧最重要的一次"终礼祭祀"的正是小臣家族的头领伊尹。

终礼祭祀，意味着在这场祭祀过后，汤王的国丧仪式就算是完成了，但根据商朝制定的祭祀政策，繁复漫长的对建国者的祭祀不过刚刚开始。

祭祀汤王用的祭品主要是人和牲畜。人是被囚禁在狱中多年的夏朝战俘，这些人自从被俘，就知道终有这么一天要被绑赴砍头台，成为大商祭祀的牺牲品。伊尹命小臣从夏俘中挑选了一百名年轻力壮的大汉，让他们沐浴干净，等着祭祀当天被杀头,把人头献给汤王。

牲畜用三牲:猪头、牛头、羊头各一百口。牲口选用最壮实的,精神状态得好,提前三天好吃好喝伺候着,比人还要尊贵。祭祀前夕,先用清水把毛刷得干干净净,在牛羊的犄角和猪的耳朵上绑上红绸子,四蹄也染红,再用红布把兽首蒙上。接着请宰杀小臣,先行占卜,然后杀牲。

小臣脸上涂着鸡血,赤裸着上身,用烈酒祭过刀后,一刀刺入牲畜的脖颈,顿时鲜血迸射,他们用尽全力,把三牲的头颅砍切下来,落入青铜盘中。

三牲被武士抬走,武士把三牲投入滚烫的开水中,褪毛净皮。拾掇干净的三首被抬上供盘,先在高桌上供奉,等着祭祀当天祭献。

除了祭品外,祭祀还需要相应的人员配备。最重要的有两组人员:引导和乐舞。

祭祀的先期引导要用童男童女。从王族中选出五十名童男和五十名童女,共计一百人。祭祀当天都梳上朝天髻,涂上红脸蛋,手持着鲜花,开启整个祭祀活动;乐舞是给祭祀配乐的,一般由乐师和舞师统领,根据祭祀对象的规格来确定乐舞的级别和风格。

当天,伊尹穿着只能在最高级、最重要的祭祀场合才能穿的大祭司服,头上戴着锃亮的鹗冠。那鹗冠与妇好所戴的绝不同——妇好的鹗冠像只爱惜羽毛的凤凰,而伊尹头上这个才是一只振翅高飞的猫头鹰,目光犀利逼人。

祭祀从卯时三刻开始,此时太阳还隐在大地深处,离跳脱地平线的那一刻还有一段时间。主持祭祀的团队和参加祭祀的人群像潮水一样涌到祭祀场地,等待着为商朝最伟大的汤王献上最忠贞也最崇敬的缅怀。

童男童女们献上了鲜花,乐舞也随之而起。

深谋大智之商王,上天常常示吉祥。
远古洪水白茫茫,大禹治水定四方。
辅佐夏王拓封疆,夏土幅员从此广。
有娀之国正兴旺,帝立其子契建商。
玄王威武又英明,受封小国令能行,

受封大国能行令。
遍加视察促令行。
海外诸侯齐听命。
代代奉行至成汤，
虔诚祈祷久不息，
帝命九州齐效汤，
做表率于各诸侯，
不争逐也不急躁，
施行政令很宽和，
大小玉璧都承受，
承蒙上天之荣宠，
不震惊也不动摇，
百种福禄都汇总。
威武勇猛持斧钺，
谁人胆敢来阻截。
已不能再长枝叶。
打败韦国和顾国，
曾几何时大殷商，
汤为天子诚且信，
贤明卿士名阿衡，

遵循礼法不越轨，
契孙相土真威武，
上苍之命不违抗，
圣德日日都向上。
无限崇敬尊上苍。
大小法制来承受。
承蒙上天之福佑。
不太刚也不太柔。
百种福禄都聚拢。
施庇荫于各诸侯。
施展汤王英勇谋。
不胆怯也不惶恐，
武王出兵伐夏桀，
恰似大火一样猛，
一棵树干三个杈，
征服九州成一统，
又将昆吾夏桀灭。
既有威力大又强。
贤明卿士从天降。
是他辅佐商汤王。

在低沉肃穆的乐声中，国丧期间最大的一场祭祀活动上演了。我被安排在保护礼器的队伍中，因为知道了姒老鬼的阴谋，因此心中忐忑，只要是试图接近礼器的陌生面孔，我都觉得是夏朝的遗子遗孙。

我强烈地感觉到在祭祀的过程中始终有那么一群人，不欢呼，也不咒骂，一脸的冷漠，眼神中似乎要喷出火来——他们想用烈火把眼前发生的这一幕、这些人统统化为灰烬。

这些人会不会是姒老鬼他们呢？他们要进行的破坏活动会以怎样的方式进行？他们怎么没有想方设法营救这些可怜的夏俘？他们的阴谋诡计什么时候实施？会不会耽误或阻碍我获得鸮神宝杖……我的内心就如坐过山车一样。

我正胡思乱想呢，突然出现一阵大骚动，在恍恍惚惚中，我依稀看见伊小臣突然一下倒在了祭台上。他倒下的那一刻，乐舞停止了，终礼祭祀也画上了句号。

2

伊尹为国操劳病倒在祭祀台上,这一病,就是十年。

在这十年间,大商换了三位王。商汤死后,由于太子太丁早死,他的二儿子外丙继位,是为商哀王外丙。帝外丙在位仅仅三年就病死。他的弟弟中壬继位为王,是为商懿王。懿王在位期间,商朝大治,但也仅仅四年,懿王就病故,把位子传给了太丁之子太甲。

在这十年里,我通过努力工作,已经荣升为类似太庙令的职位;子满也被任命为鸮神宫侍卫,与小臣摄龟共同主持保卫鸮神宝杖的工作。我们哥儿俩官职虽然不大,但职责关系重大。尤其是我,还肩负着给太甲讲课的重任。这可是伊尹在重病期间交给我的任务,让我给太甲讲"重屋礼器史以及应用仪规",每逢甲、丙、戊、庚、壬日开课,课业非常繁重,关键是我还得备课,还得出题考试,定期还要向伊尹汇报太甲的学习进度和学习内容。所以我虽然荣升了,但肩上的担子也变重了。我又是极端负责任的人,不肯敷衍塞责,结果搞得太甲也不喜欢我,每当我去上课的时候,他就把眼睛瞪得圆圆的,好像要吃了我一般。

这位太甲王啊,我真懒得说他,说起他我就一肚子气。

这么说吧，好事一件不肯办，坏事一件不少办，简直糟透了。最近，他喜欢上一个女俘虏——身为大商之王，没事就往关押夏朝女俘的监狱里跑——后来，他干脆用他为王的权力，特赦那位女俘出狱，整天陪着他玩乐。

这位女俘也不是个省油的灯，兴趣爱好都非常特殊，比如她爱吃产自江水（指今长江）的一种水果，太甲不惜动用大量民力去给这位女俘搞来，结果因此民众死伤无数；她喜欢谁，太甲就给那个人封官，她不喜欢谁，那个人就要倒大霉，轻则去做苦役，重则小命难保。最近，她给太甲推荐了好几个人，全都受到了太甲的重用。

那天，我去给太甲上课，正赶上那几个人围着太甲奉承，说太甲的能力比汤王还厉害，德行比汤王还高，太甲被灌了几碗迷魂汤，再加上那个女俘的鼓动，当场就决定释放了全体夏俘。这可是公然改变汤王的决策——汤王为了防止夏朝王族的复辟，临终遗命不得释放夏俘。

我赶紧跪倒制止："大王，这可有违祖制，万不可行！"

有个人立刻过来抢白我，声音苍老而沙哑："你算什么东西！大王的命令你也敢反驳，你是不想活了吗？"

忽然之间，我觉得这声音似曾相识，好像在哪里听到过一样。我搜肠刮肚，突然想了起来，这不就是"妣老鬼"

嵌绿松石兽面纹铜牌饰

长16.5厘米，宽11厘米，出自夏晚期。盾牌状，两侧有圆鼻各二，兽面纹用绿松石片镶嵌而成，制作精美，技术高超。

的声音吗？莫非她有什么阴谋？

我大喝一声："妣老鬼，太庙'围鼎夜话'一别，你老小子还活着？"

妣老鬼一惊，他怎么也回忆不起在哪里见过我，一时之间不知道如何应答，好半天才支支吾吾地说："什么四老鬼、五老鬼的？大王面前，你可别胡说八道！"

"别装了，妣老鬼，汤王终礼祭祀前夕你们一伙人来我重屋，密谋窃鼎，说的那些话，商量的那些阴谋诡计，我可都听见了，你还想欺瞒大王吗？"我殷切地望着太甲，"大王，这帮人阴谋复辟大夏，您可别被他们蛊惑！大王，祖宗江山为重，还记得我上节课给您讲的那个绿松石兽面饰吗？它的背后可是大商历代祖先筚路蓝缕开疆拓土的历史啊，绝不能让商朝基业毁在这帮夏朝遗老手中！"

女俘嗲声嗲气地对太甲说："大王，此人太过无礼，不就是给大王讲过几节破课吗？还真把自己当老师了啊。大王，这样的人不给他点儿厉害看看，以后还不蹬鼻子上脸？"

太甲听了大怒，指着我的鼻子，说道："武士安在？把这个不知道天高地厚的家伙，拉下去打一百杖，看他还敢不敢在我面前狂妄？"

"慢！"女俘一边撒娇，一边说："大王，不要拉下去打，当场打，我喜欢听惨叫声！"

太甲来了兴致："好，就在这儿打，给我狠狠地打，我也一同欣赏！"

武士拥了上来，把我架住，拖到一个凳子上，当着那么多人的面，把我的裤子脱下来，狠狠地打起来。一下、两下、三下……我本想着英雄一把，打死也不喊叫，可是打到第三下的时候，我实在疼得忍不住了，就骂开了："昏王、妖女，你们毒打忠臣，将来一定会遗臭万年！"

我又骂道："姒老鬼，履癸的孽子孽孙们，你们不得好死！你们的阴谋不会得逞，我做鬼也不会放过你们的！啊——啊——救命啊，疼死——我——了，巫师王啊，快显显——灵吧，我要——死了！我死了！"

"想死还不容易？打死他！"太甲怀抱着女俘，恶狠狠地咆哮。

我眼前一阵发黑，头一阵发晕，我忽然记起有个同学曾告诉我背诵课文可以减少疼。于是乎我就傻傻地背诵起古文来："一屠晚归，担中肉尽，止有剩骨。途中两狼，缀行甚远……骨已尽矣，而两狼之并驱如故。屠大窘，恐前后受其敌……屠暴起，以刀劈狼首，又数刀毙之……哎哟——哎哟——疼死我了!"等我回到现代,我非得找这位同学好好说道说道,靠背课文减缓疼痛纯属胡说八道。

我用尽最后的力气喊道:"亲爷爷、祖奶奶,我受不了啦!"

③

"老哥,不必惊慌,更不必呼爷唤奶,你老弟鸮神宫一等侍卫、甲骨文一级专家、世界物种分类协会会员、九等小巫师,子满来也!"

垂死之际,忽听"子满"二字,一股力量油然而生,我心想——我老弟终究还是来救他老哥了;可紧接着一股怒火心中而起,心中骂道——小笨蛋,你老哥都快被打死了,你还有闲心在那儿报官名!

这时,老弟引着一个人进来。太甲和那一干奸人看见这个人,就像耗子见了猫一样,当时就蔫了,一个个把头低下,大气都不敢出。

太甲吓得瘫倒在地,有气无力地说:"师保,不在府中静养,劳力来此,小王罪过!"

"我要是不来,恐怕事情就无法收拾了!"来者正是伊

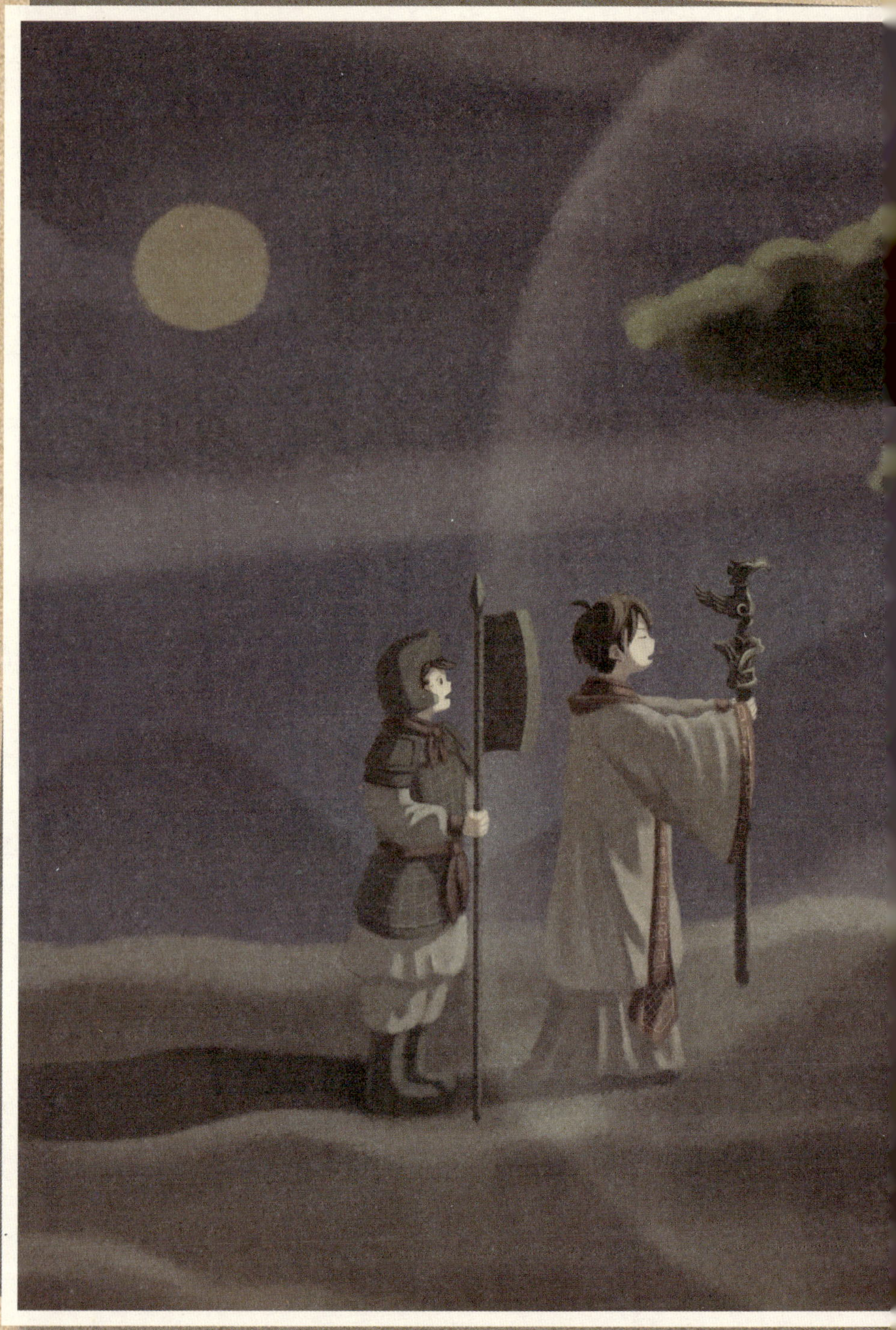

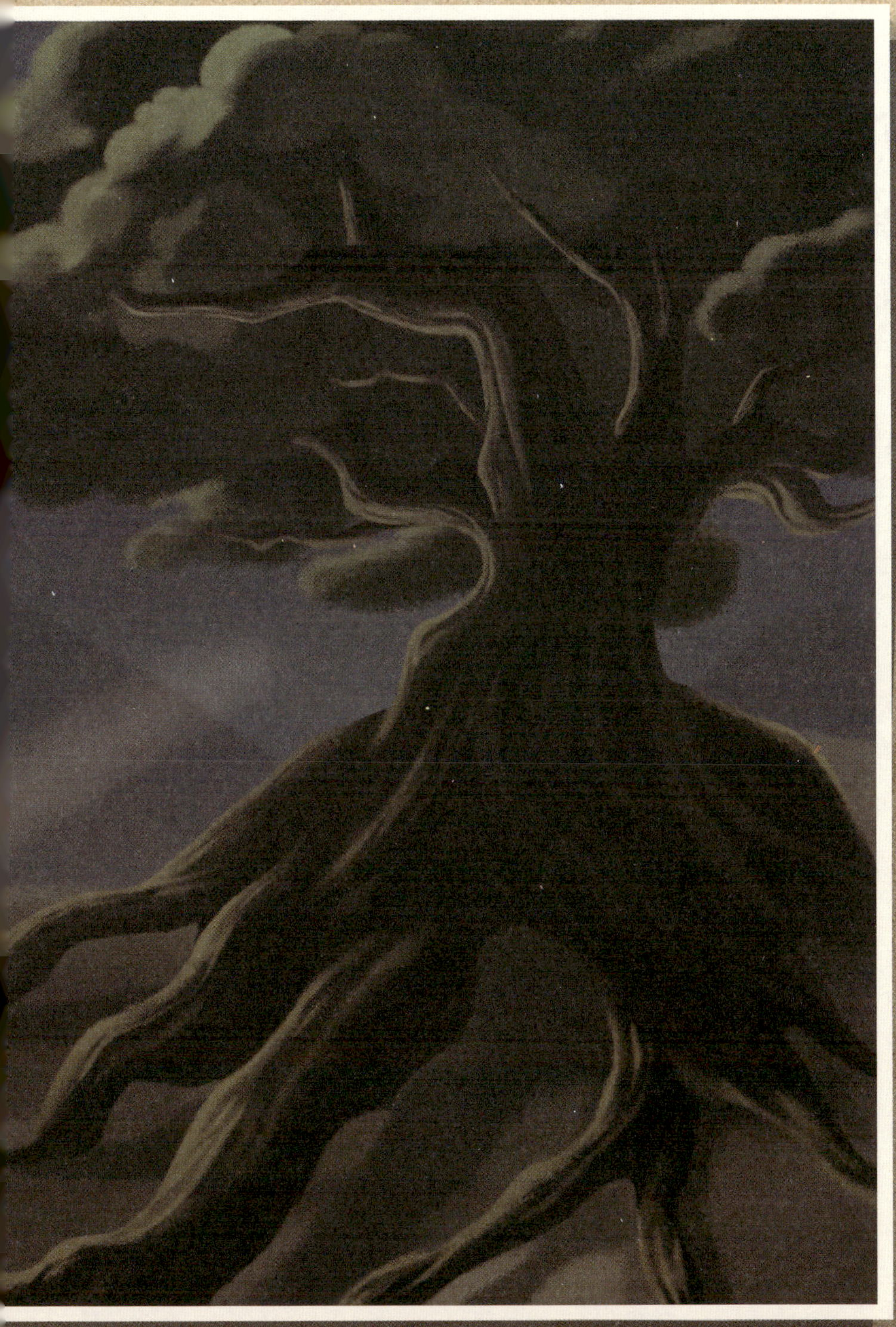

尹。他这十年来虽然不理政，但无时无刻不把朝政放在心间。早在三年前，太甲刚刚登基的时候，他还亲自担当了太甲的老师——师保。也就是说，伊尹才是太甲正式的老师，我不过是个代课的，倒霉的是，我这个代课老师差点儿被顽徒给打死。

伊尹痛心地说："大王继位三年以来，前两年还算中规中矩，可近一年来，宠爱女俘，宠信夏朝遗老，胡作非为，不听规劝，实在是太不像话了，难道你忘了祖宗典章了吗？"

太甲畏畏缩缩，不敢答言。

伊尹叹了口气："天作孽，犹可违，人作孽，不可活。这一年来，你横行无道、暴虐无德、肆意妄为，破坏祖宗留下的法律制度，我为了祖宗江山，决不姑息你！来人！"

子满一身甲胄，带领着一小队武士过来，等候命令。

伊尹做出决断："子满，你率领五百武士，把太甲押到汤王墓地——桐宫，让他在那里面壁思过，学习汤王制定的法制。什么时候改过了，再放回来。如果不思悔改，那就永远留在桐宫陪伴他的祖父汤王吧！"

子满得令，指挥武士架起太甲，押往桐宫去了。

伊尹又说道："妐老鬼，要不是我们早做计划，你的阴谋恐怕就要得逞，现在你们原形毕露，我也容不得你们了！来人，把这些人押入大牢，等候汤王例祭的时候，砍头献祭！"

妣老鬼听了，先是惨笑几声，然后大骂："伊尹，妣氏跟你不共戴天！只要大夏王族还有一个血脉，也会找你复仇！"

武士过来，左右开弓给了妣老鬼两个嘴巴子，嘴里喝道："死到临头，还敢狂言！"

伊尹摆手，让武士把这些复辟分子都押走，然后走到我的近前，望了望我的伤势，怜惜地说："子六，委屈你了！"

有了伊尹这句话，我顿时觉得疼痛感减轻了："能跟伊尹玩一次苦肉计，吃再多的苦也值了！"

原来"围鼎夜话"之后，第二天我就去求见伊尹，把妣老鬼他们的阴谋告诉了他。当时足智多谋的伊尹跟我定计，用一招"瞒天过海"，把大夏遗老一网打尽。他按照计划在终极祭祀的时候晕倒，然后长达十年隐居幕后，暗中洞察复辟分子的奸计。他为了能够及时了解太甲的动向以及复辟分子的活动，升了我的官，还让我代替他去给太甲上课。

最近复辟分子闹得太不像话了，不但用美姬蛊惑太甲，还时刻煽风点火让太甲诛杀异己和朝廷重臣，这引起了我的警觉。我向伊尹报告，伊尹决定收网。这才有了前面的那一幕。

只是这"瞒天过海"的大计，还附带着我子六的苦肉计，差点儿让我丢了小命。

按照之前的商定，伊尹决定在我帮忙锄奸之后，默许我跟子满盗走鸮神宝杖。刚开始他绝不同意，因为宝杖不但是大商"战神"的象征，更是他们小臣家族的镇族之宝，要不然他也不会派那么多小臣家族的人去保护。可是在我通过巫术和占卜向他预言了鸮神宝杖对商王子孙后代的重要性后，他还是同意了我盗杖的请求。

在这件事上，伊尹是冒着巨大的风险的——他对商王后代如何使用和保存宝杖并不具备把控的能力，后代王者如果滥用宝杖或丢失、毁坏宝杖，都无法控制。不过为了大商千年大计，他还是决定冒险。

在一个月黑风高之夜，子满轻而易举地用两坛子御酒打发了小臣摄龟，然后引着我进入了鸮神宫。鸮神宝杖被高高地供奉在高桌之上，我拿在手中，感觉到它实在是太重了，不但关乎人的性命，还关乎着一国之运。

如今，伊尹放逐了太甲，默许了我们的盗杖行为，取得宝杖如探囊取物一般。我就是心里觉得太甲太可惜了，放着大好前程不顾，偏偏做出对不起祖宗的事，希望他能在桐宫好好思过，别再出什么乱子。

据我了解，太甲被放逐三年后，重返王位，变成了一位很有作为的大王，史称商太宗。

宝杖到手之后，我亲自捧着，子满护卫着，再次来到那棵老柏树跟前，我念动咒语，忽然一道白光闪现，我们又穿越了。

第 8 章

及时赶到

①

在商王武丁时代，古蜀国正处于鱼凫王国时期。

蜀王鱼凫是纵目人后裔，崇拜太阳神，在四川盆地推行农耕，饲养大象。蜀国擅长制陶冶铜，一度成为大商王朝最坚定的后方和青铜原料的供应地。商人铸造青铜器的技术精湛，可是大商疆域内铜矿很少，即使有，质地也不精纯，因此商人不得不依赖蜀方的供货。

妇好几次三番攻打巴方和羌方，让两国吃尽了苦头，蜀方顿生唇亡齿寒之感，加上巴、羌两国使节接踵而至，劝说鱼凫加入他们的同盟，共同反击大商攻伐。蜀王鱼凫本来就觉得大商离开蜀国玩不转，又被巴、羌两国的结盟条件所诱惑，因此铁了心要反商。

鱼凫反商的第一步就是切断了对商朝青铜原料的供应，一下子让商朝的农业生产和武器制造业受到致命打击，没有了粮食和兵器，这不要了商朝的命了吗？于是，妇好决定趁着三方结盟不够坚牢的时候，先下手为强。

虽然鸮神宝杖还在穿越的路上，可是妇好一天都不能等——如果四方异族知道大商失去了武器原料供应，必然群起而攻之，那时大商可就无路可走了。如今只能以攻为守，先把三国联盟打垮，其他危险自会迎刃而解。

妇好很快组织好了一万人的兵团，出兵前先进行祭祀、占卜，占卜的结果也显示此次征战有惊无险，因此妇好成竹在胸，威风凛凛，率领王师浩浩荡荡地往蜀方进发。

在军中，妇好一身戎装，头上戴着鸮冠，底边装饰着兽纹，上面插着五彩的雉尾。雉尾长而坚实，色彩浓郁，一看就是经过淬火处理的，只有置身军中的统帅才能佩戴。她佩戴青铜铠甲，修长秀气，胸前是一小块护心镜，镌的仍是怒目的鸮神；足下蹬着一双夔纹战靴，一直到膝的青铜护腿；手中擎着一根长矛，也是青铜锻造的，长约丈余，矛头尖尖，寒光夺目。

在重装上阵的战场上，在流星般跃动的刀光剑影中，在难辨敌我的混战厮杀里，一眼就能认出妇好英姿飒爽的战斗风采。她的坚强意志成为商军永不枯竭的力量源泉。

古蜀国也做好了战斗的准备，三国联军严阵以待。

妇好的兵团与联军的前部先锋在大山中遭遇，商军作战勇猛，联军不敌，向王城方向撤退。商军紧追不舍，一直追到蜀方王城三星堆的鸭子河畔。这鸭子河本来就是三星堆的护城河，如果攻破鸭子河的防线，三星堆则危在旦夕。

事情怪就怪在鸭子河的防御能力几乎为零，商军不费一兵一卒就渡河成功，兵临城下。更为蹊跷的是，偌大的古蜀国王城大门敞开，根本没有像妇好设想的那样严防死守。妇好有所迟疑，没敢让商军全部进城，而是派遣一支小分队进去侦察。小分队进去以后，四下察看，竟然发现王城空空如也，蜀方的军队和子民早已不知去向。

妇好预感不妙，感觉像是被困在了一个瓮中。

就在妇好有不祥预感的时候，四面八方响起了密集的鼓声，一听就知道是鼍皮蒙的战鼓，鼓声震天动地，商军一下子就乱了。接着人喊马嘶，三大兵团从三个方向把三星堆王城铁桶般围住，只留出正门，仿佛是留给商军逃窜的，可是正门之外就是鸭子河。

敌军为首的正是蜀王鱼凫，只见他戴着纵目面具，上面还用纸片一般轻薄的黄金装饰着。最显眼的是那突出来的一双青铜眼睛，直愣愣地刺向上空，让人顿生诡异之感；他手中拿的东西更让人惊异，好像现代汽车的方向盘，只不过有一根木杖连着。这就是鱼凫崇拜太阳神的明证——青铜太阳轮。

簇拥在鱼凫两侧的，是两辆高车。看得出来这也是随军出征常用的战车，车轮高大，超过一丈，上面装的是一个平板，四边都是云纹，平板上有一个固定的基座，上面都安放着青铜器。

左边的是一个青铜大立人像。雕像身体中空，头戴高冠，身穿窄袖与半臂式共三层衣，衣上纹饰繁复精丽，以龙纹为主，辅配鸟纹、虫纹和目纹，身佩方格纹带饰，制作精美绝伦。两手一高一低，环握中空，两臂略呈环抱状构势于胸前。脚戴足镯，赤足站立于方形怪兽座上。这是蜀方集神、巫、王三者身份于一体的领袖人物，是神权与王权最高权力的象征。尤其是他的发笄造型，区别于世俗统治者辫发的造型，更加证明这个雕像是蜀方巫族的至高之神。

右边的是一棵将近四米的青铜神树。这棵神树由底座、

青铜太阳轮

距今已有3000多年的历史,状若车轮,直径85厘米左右,学术界一般认为这是古人塑造的太阳。现藏于三星堆博物馆。

青铜立人像

人像高180厘米、通高262厘米，重约180千克，距今已有3000多年的历史，是现存最高、最完整的青铜立人像。被誉为"世界铜像之王"。现藏于三星堆博物馆。

树和龙三部分组成，树顶略有残缺，底座仿佛三座山相连，主干三层，节节攀升，树枝分为三层，每层三枝，树枝上分别有两条果枝，一条向上，一条下垂，果托硕大，全树共有九只鸟，站立在向上果枝的果实上，一条龙沿主干旁侧而下，蓄势待飞。

联军在左巫右树的庇佑下，开始向商军展开猛烈的进攻。

"撤退！撤退！撤到鸭子河对岸的山谷中去！"

随着妇好发号施令，遭遇围困的商军有条不紊地朝鸭子河方向撤出。可是严峻的问题出现了——鸭子河原本风平浪静，可等到商军撤退的时候，突然之间波涛汹涌，又不知从哪儿刮起了一场狂风，裹挟着暴雨袭来，结果河面上翻滚着令人不安的漩涡，后浪推挤着前浪，呼啸着滚过，异常凶险。商军士卒面露难色，就连身经百战的妇好看了，都心有余悸。

虽然如此，但见她神色严峻，眼神果敢而坚毅，显示出她虽身处绝境而绝不屈服的意志。她的鼻翼一张一翕，声息有些急促，明显体力上有些难以支撑了。可是她仍在挥舞呐喊，指挥着士卒的回撤行动。

2

战事越来越凶险，敌军在步步紧逼。

妇好驾着马车来到河边，迫于鸭子河的凶险气势，她心中一阵震颤。她想起了那个梦境，对眼前这条河、这座城、两岸的高山，忽然产生了一种强烈的似曾相识的感觉——"难道梦境预示给我的惨败就要发生了？要怪就怪我操之过急，没有等子六和子满回来。"

这时候，天已近黄昏，战场的厮杀显然没有结束，但太阳却不管人间的恩怨，照常坠落下去。天空变得暗淡，余晖也慢慢消失殆尽。天与地相接的地方露出垂死的白色，被浓浓的黑夜浸染着，仿佛只需要一瞬，这惨淡的白就会被全部吞噬。

遥远的东方，星辰升起来了，虽然寥寥可数，却发出了璀璨的光辉。

"至高无上的鸮神啊！"妇好默默祷念。

"鸮神啊，保佑大商的军队所向披靡！保佑大商的军队获得永胜！"妇好跪伏在河畔，朝着西北幽冥夜空里的鸮神星诚心叩拜。

但河水并没有因此而平定下来，反而越发浪猛风急，在茫茫的夜色中，巨浪起伏的声音响彻两岸，震人心魄。敌军的追杀也如这水势一般，没有丝毫放缓。冲杀的叫声宛如深沉大河的暗鸣之声一样，让人心惊胆战。黑暗一层层地压过来，就像轰然倒塌的地狱城堡，魑魅魍魉全都冲了出来，在幽暗无尽的黑夜里狂舞。商军被这巨大的恐怖笼罩，眼神中呈现一片死亡之色。

士卒一个接一个地跑到河边，失魂落魄地向妇好报告："敌军已经形成对我军的俯冲之势！"

妇好一脸沉重，但并不畏惧，她望着鸮神星。整个天空犹如凝结的重铅，散发着死亡的陈腐气息，唯有鸮神星超脱了厄难，微弱地发出光芒。

"拜托了，鸮神，一切全靠你了！"

她离开河边，冲上一个高冈，观察战场的形势。她看到的都是赤色。赤色的战场，赤色的战旗，赤色的山岭，赤色的河谷，赤色的浩浩荡荡流淌的大河以及赤色的血。这是由忠勇的鲜血幻化，也是由战死的敌军点染。她一阵心惊，差点儿从高冈跌落。

"大军只能坚持到午夜，我要充分利用这段时间，为大军保留和转移实力创造条件！"妇好喃喃自语道。其实，她心里跟明镜似的，只要大军能够渡过鸭子河，转移到河对岸山谷中,那就意味着安全了。

对岸的山谷是大商军队的希望所在。现在看来,仍被黑暗所控制,死神的重锤在地上砸出千万个孔穴。每个孔穴都怒吼发威,吹奏出凄惨瘆人的乐章。

妇好心一横,吩咐道:"准备祭祀!"

不一会儿,河滩腾起了一片烈焰。火焰冲天而上,像一个肆无忌惮的魔王——一个敢于跟黑暗之神叫板的魔王。火苗四方飞溅,宛如流星雨。大火越烧越旺,照亮了大半个天空。敌军有所顾忌,有所退缩。可是死神没有离开,蹲踞在远处,带着讽刺的眼光观望着这一场自救大戏的上演。它的嘴角上翘,一脸的不屑,因为这一切在它看来都是徒劳。

敌军不知所措,望着飞腾的烈火妄自猜疑。

妇好脱去了戎装,换上大祭司服。她宽衣博带,周身上下一身玄色,头发披散着,双脚赤裸,手上擎着一片"宝甲"——一种王室豢养的神龟龟甲,登上一座

刚刚建立的高台,面前放置着三牲。妇好肃穆而立,衣带迎风飘舞。她望着夜空祈祷,仍然对着鸮神星的方向。然后,她用一把尖利的匕首,刺破自己的食指,然后将冒出的鲜血滴在正在烧灼的龟甲上。

参加祭祀的士卒开始低声吟唱,妇好随之起舞。她的舞蹈像一部叙事诗一样,沉郁而极富震撼力。她飘摇的衣袂跟黑夜浑然一体,她的气定神闲驱走了笼罩在每个人心头的恐怖,因战事而受伤的心灵顿时得到慰藉。死神远避,喊杀声变得沉寂。时间仿佛停止了,不,是消失了,她的舞让时间变成虚无的陈设,生死也被消弭了界限。

舞蹈完了,妇好怀着无比虔敬的心情,将龟甲投入烈火之中。

妇好虔诚地呼唤:"鸮神,为我指路!"

在低沉的呼唤声中,鸭子河的上游漂来一叶轻舟。就像一柄闪着寒光的利剑,刺破了血腥之夜的重重黑暗;又像一支穿透时间铁幕的离弦之箭,飞一般凌驾于风波之上,眨眼之间掠到祭祀高台边,让它后面的时间瞬间凝固。

我跟子满伏在轻舟上,望着周遭残酷的战事,又看到妇好耗尽心血去祈求战神,心中又痛又急,还没等轻舟靠岸,我高声说道:"大祭司,别急,我们来了,你看这是什么?"

我把鸮神宝杖高高地举过头顶。

原本已经筋疲力尽的妇好听到我的声音，突然来了精神，用柔美而坚毅的语气问："是子六和子满吗？你们可回来了！"

我们弃舟登岸。妇好接过鸮神宝杖，看看我们哥儿俩，好奇地问："你们怎么会来这里的？"

"还说呢，我们穿越回来，发现军队已经开拔了。我们回禀了武丁大王。大王说战事紧急，直接派遣一支王室卫队，从小路日夜兼程护送我们前来。我们知道这里四面都被敌军切断，只有这雨季的鸭子河不好被驯服，防御最薄弱，因此我们便驾驶轻舟，趁着这浓浓夜色来送宝杖！对不起，大祭司，我们还是来晚了！"

妇好充满感激地看着我们："子六、子满，你们这次可立了大功。要不是你们及时赶到，全体士卒今晚恐怕就要葬身鱼腹了，现在虽有伤亡，但还在可接受范围之内，如果发动反击的话，依然大有胜算。"

"战场的情况怎么样了？"妇好问指挥官。

"第二道防线已被敌军突破，第三道也危在旦夕。"指挥官答道。

妇好把鸮神宝杖举在空中，发号施令："全体商军集合，

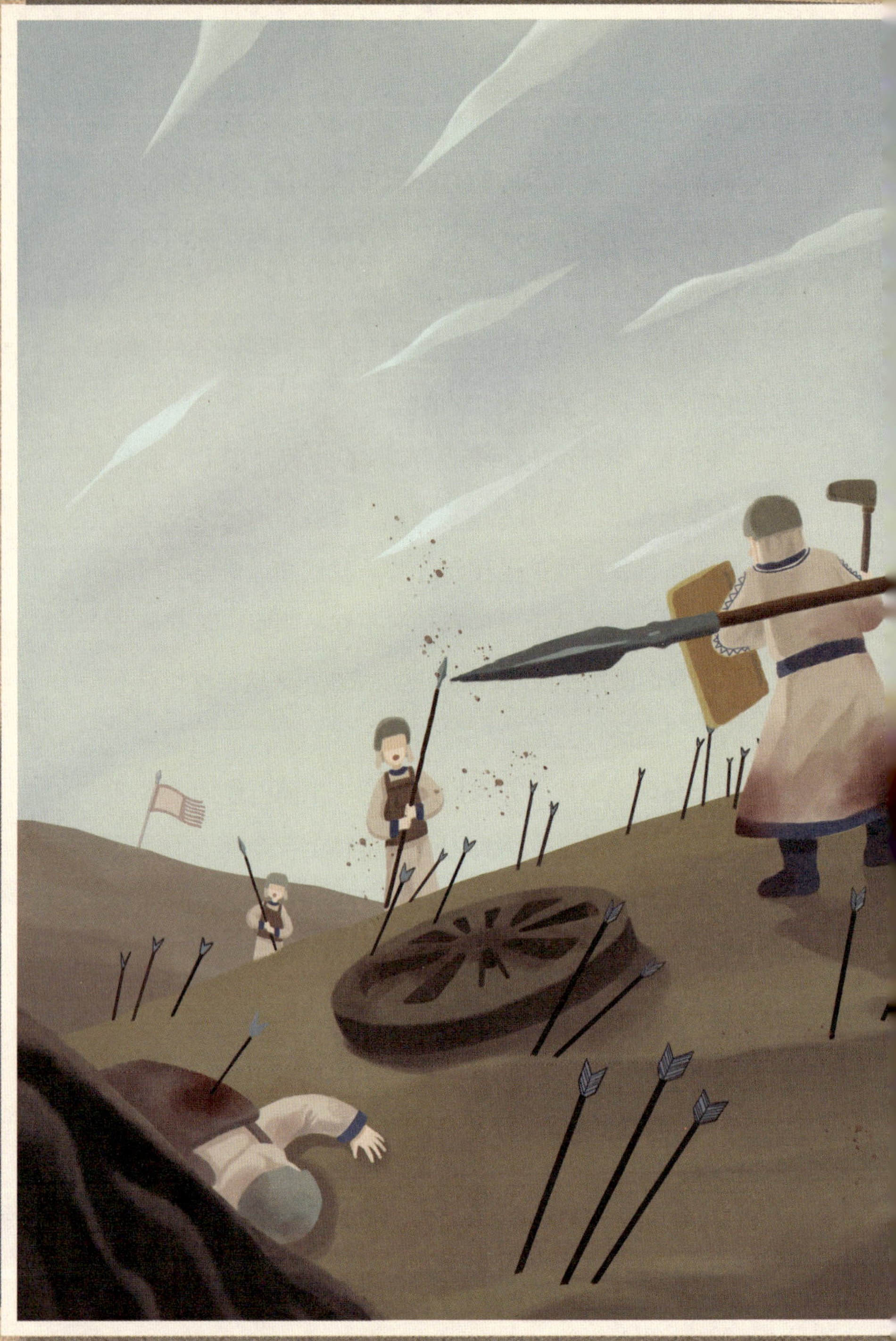

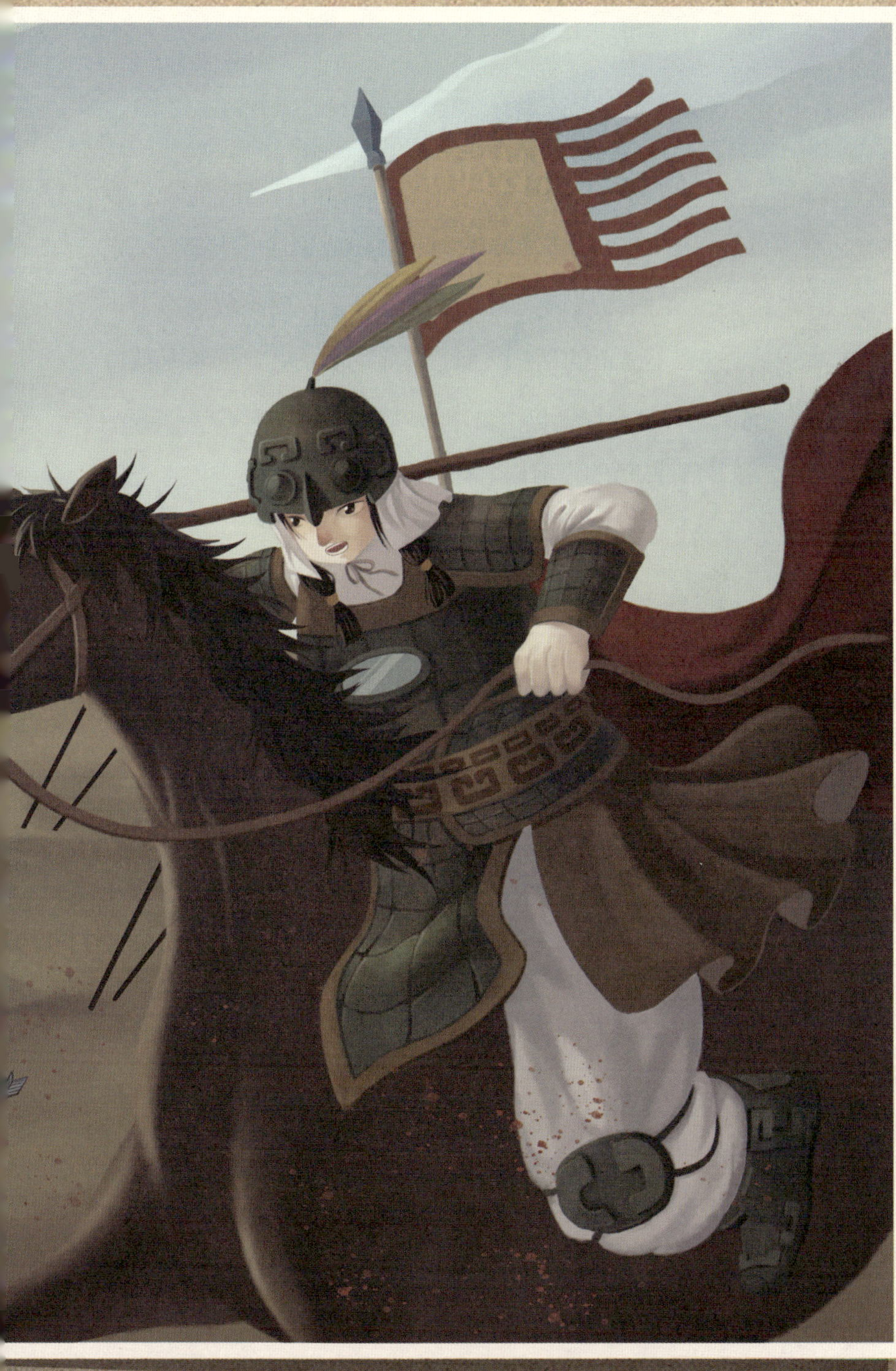

随我渡河!"

士卒们简直不敢相信自己的耳朵。渡河,怎么渡河?难道飞过去不成?大祭司一定是因为战场失利而受到了打击,要不然怎么会讲这么不靠谱的话?然而,看她的表情,她绝不是信口胡说,况且不靠谱也不是她的风格。

妇好在队伍的最前面,径直走向鸭子河。

3

在惨淡无光的月色下,妇好让人在河滩上燃起篝火。

她低低地吟唱,挥动手中的宝杖。士卒也随之起舞、伴唱。

唱完了,妇好吩咐道:"抬起鸮神宝杖!"

人群中分开一条道路,过来十几个精壮的士卒抬着沉甸甸的宝杖走在商军的最前面。妇好走在宝杖护卫队的后面,一边舞蹈,一边祈祷:"至高无上的鸮神,请眷顾您的子民,指引我们前进的方向。将鸮神宝杖投入大河,大河将风平浪静,英勇的战士将平安渡河,鸮神保佑!"

士卒们按照妇好的旨意,将鸮神宝杖投入鸭子河中。

霎时间，大河开裂了，像是一块锦缎，从中割裂开来。人群见到此情此景，心情顿时沉静、安详下来。在妇好的带领下，商军从容地从大河的缝隙中渡过。

此时此刻，天地万物消沉，唯有鸮神星依然闪亮。夜风起，把星辉投掷到凝结成碧玉一般的河水上。河水像一面镜子，照着匆匆而过的英勇善战的战士——他们面带风霜，一身疲累，但目光坚决，毫无惧意。

等撤到对岸的河谷，东方已然泛白了。

联军在对岸集结，望着浩荡的河水，无可奈何。

商军在鸭子河的阻隔下开始休整军队。此一役，商军损失过半。好在有鸮神宝杖的激励，还能维持最起码的斗志。

妇好命令士卒以最快的速度砍伐树木，制造轻舟。要想渡河攻城，没有轻舟不行。虽说鸮神宝杖可以停止河水流动，但需要耗费大量的心力血气才能完成一次祭祀，一旦中间有什么闪失，麻烦就大了，鸮神宝杖可以救急，但不可以常用。

子满吃完了行军饭，低头沉思了好一会儿，

对我说:"老哥,你那么博学,给我讲讲项羽大破秦军的故事。"

我咧嘴一笑:"在这里恐怕就不能叫故事了,得叫未来之事。话说未来的秦朝末年,二世无道,项羽起兵反抗暴秦,为了打败黄河对岸的秦兵,项羽在进攻之前,命令士卒把饭锅打破,把渡船凿沉,表示下定决心,为取得胜利准备牺牲一切。这就叫破釜沉舟,百二秦关终属楚!"

妇好听我们闲聊,好奇地问:"秦朝?秦朝在哪儿?离我大商远吗?我可从来没听说过!"

我跟子满一吐舌头,我硬着头皮解释道:"大祭司,我们说的是一千多年以后的事,这个项羽打仗很厉害,是当时的一个大英雄。"

妇好惊奇无比:"你们连一千多年以后的事都知道?我实在小看你们了,看来将来得大大重用你们!"

我问子满:"你无缘无故问项羽的事做什么?"

子满摇头晃脑:"老哥,你聪明一世糊涂一时,你想想看,项羽所面临的境地与眼前如出一辙,咱们何不把未来的法子让大祭司提前运用一下,兴许就能扭转局面呢!"

我一拍脑袋:"子满,看来你得当我老哥了。我枉读史书,到头来还是没你脑子快。我怎么就想不到破釜沉舟这一招呢？"

我们俩赶紧把这个计策跟妇好说了，妇好举双手赞成。

很快，轻舟准备好了，在一个伸手不见五指的黑夜，冷风从山谷中咆哮而来，把对岸瞭望的火堆都给吹散了。商军早早就准备饭，这顿饭可谓丰盛，在历代商军行军打仗的历史上，都没有过这样丰富的行军饭。

士卒们吃罢了饭，妇好吩咐将灶具、食具全部销毁。然后悄然夜渡，当神不知鬼不觉偷渡到河对岸的时候，妇好命令大军当场焚烧轻舟。轻舟燃起巨大的火焰，照亮了蜀方王城的上空。

敌军发觉时，慌忙之间集合军队，可面对决一死战的商军，还是免不了仓促慌乱。

双方一交手，商军知道没有后路可退，个个拼死作战。联军本来依靠地形和巧计可以暂时获胜，但一旦展开近身战和巷战，跟商军的巨大差异就显露出来。不怕死的商军势如破竹，很快攻占了王城。联军被迫退入王城后面的山谷，蜷缩着不敢出来。

妇好决定对山谷里的联军发动最后的攻势。商军携胜利之威，把前线推进到谷口。我观察山谷的形势，忽然联想到诸葛亮葫芦峪火烧司马懿的故事，当即建言妇好用火攻。

妇好大赞妙计，一面派人到山上布置硝石火器，一面派兵在谷口佯装攻击。

夜幕来临的时候，山谷里冷风飕飕，联军叫苦不迭。商军在谷口挑战，联军仓促应战，还没等大军出离谷口呢，谷的上方就趁着风势，燃起了大火。大火很快蔓延到谷底，联军惊慌失措，蹈火而亡者，践踏而死者，误伤而死者，比比皆是，尸横遍野。

蜀王鱼凫在蜀方祭祀的保护下，逃入大山小径，在半山腰上，有一座蜀先王蚕丛的古庙。蚕丛古国，蜀方更古老的王国，也是蜀方的第一代王国。鱼凫在蚕丛古庙里暂歇，宁肯渴死饿死，也要他的巫师在蚕丛王像前，进行法事，诅咒妇好不得好死。

妇好派出多支搜寻小队去寻找蜀王鱼凫的下落，可是商军对这里的大山茫然不知，一连搜索了几个月，连鱼凫的影子都没看见。

妇好肯定不知道，蜀方鱼凫王国经此一役，一蹶不振，走向衰落，最终被后来崛起的开明蜀王所取代。武王伐纣的时候，开明蜀王参加了周军会盟，在牧野之战中报了妇好攻蜀的深仇大恨。

第 9 章
回到未来

①

鬼方，北方异族中最强大的一支。鬼方的强悍与欲壑难填导致了商朝北方边境的莫大灾难。商朝子民在鬼方的残忍杀戮中，伤亡惨重。

历史上，盘庚几次迁都，有一大部分原因就是为了躲避鬼方的锋芒。武丁继位后，鬼方的攻势并没有收敛，反而愈演愈烈。在妇好跟三国联盟展开会战的时候，鬼方趁机侵吞了商朝大片领土。当年妇好也曾多次征伐鬼方，历经数年，互有胜负。这次解决了后顾之忧，妇好觉得到了跟鬼方算总账的时候。

她决定释放当年被我救下的那三位少女，让她们回去对鬼方进行最后的善意规劝。可是鬼方王非但不领情，反而觉得可以无所顾忌，放手一战。

双方随即投入旷日持久的残酷战争。在鸮神宝杖的指引下，妇好在数百次的战役中，运筹帷幄，决胜千里，创造了不可战胜的神话。但是，在最后的决战中，商军虽然获得全胜，妇好却在战争中身负重伤。

子满在后来撰写的《鬼方征服史》中记载道：

在冬季发动的攻势中，妇好遭遇了人生绝无仅有的一次失利。正是这次无情的败绩终结了她的战神传奇。是日，天寒地冻，日月无光，白天愁云惨淡，夜晚鸮星不明，甚至不可辨认。妇好作为军队祭司，无法向鸮神祈祷，鸮神宝杖也失去指引。鬼方败局已定，但仍然发动了垂死的反攻。鬼方军队置之死地而后生，人人为了最后的生存而奋勇反抗，给商军带来巨大损失。

妇好举行声势浩大的阵前祭祀。鸮神在万重黑暗中再次庇佑商军重新集结，完成了对鬼方军队的合围。妇好身先士卒，挥动宝杖冲锋陷阵。商军大受鼓舞，猛烈冲杀。鬼方的有生力量被消灭殆尽，小股残余势力四处鼠窜。

可是，妇好在混战中遭受鬼方军队的围攻，身受重伤，等凯旋的军队回到商都的时候，这位立下赫赫战功的女将领已经奄奄一息。

在我的有限生命当中，每次重温这段历史的时候，都热泪盈眶。

同样陷入无限悲痛的，还有商王武丁。自从妇好负伤回到商都，他每日每夜都守在妇好的寝宫，时时刻刻都在为妇好祈祷。

可是，伟大的鹗神并没有给大商带来奇迹，在一个风雨如晦的夜晚，大王武丁传令让我跟子满立刻入宫。我当时就有一股强烈的感觉，这位震古烁今的伟大女性可能不行了。

我跟子满心情沉重，准备跟妇好做最后的道别。

果不其然，当我们进入妇好寝宫的时候，宫里的奴隶都在偷偷地抹眼泪。当我们接近妇好的卧室的时候，大王武丁红着眼睛出来，告诉我们："子六、子满，快去看大祭司最后一眼吧！"他眼角眉梢流露着悲痛欲绝的神情。

我们来到床边，此时的妇好已经穿上殓服，跟别的女性

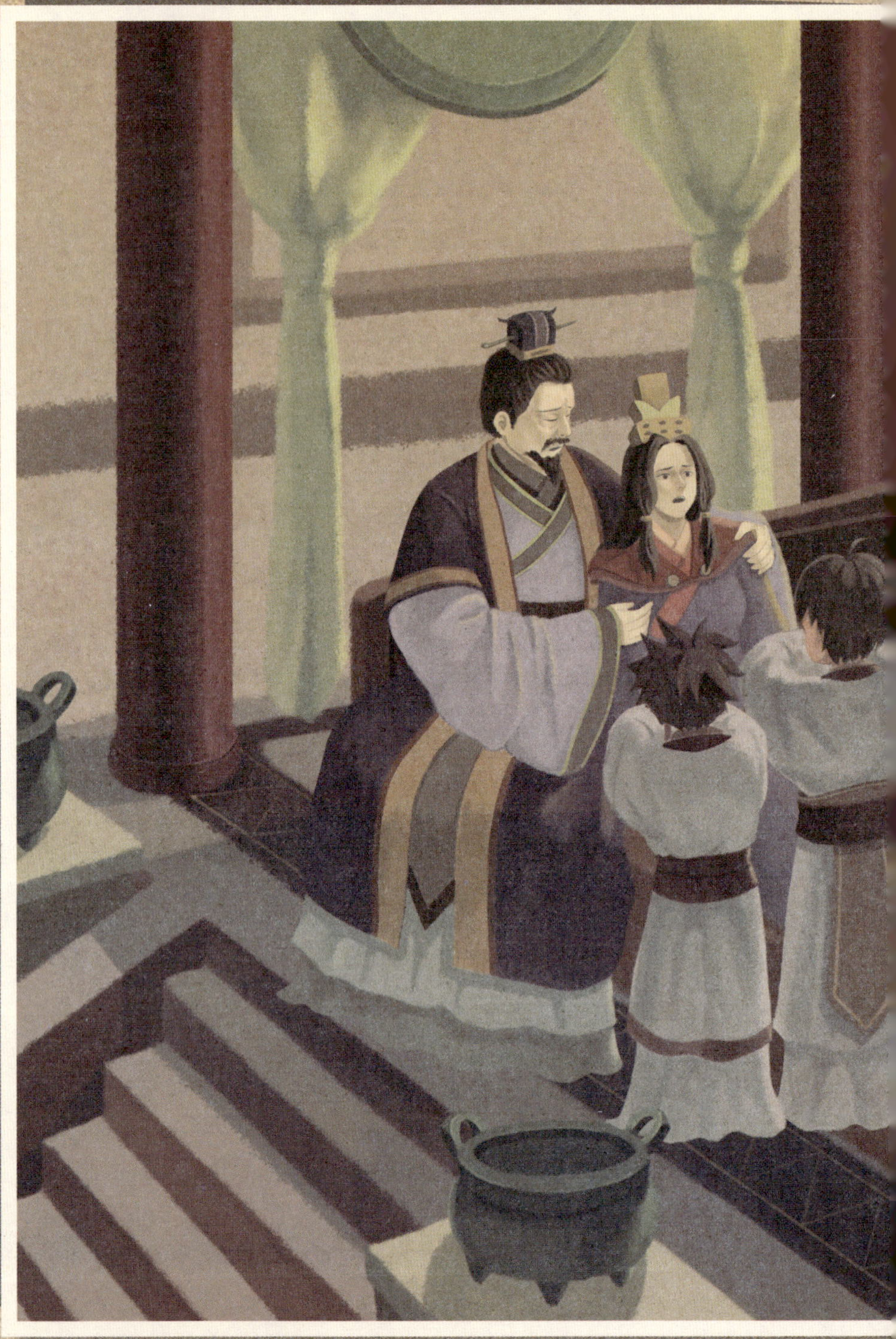

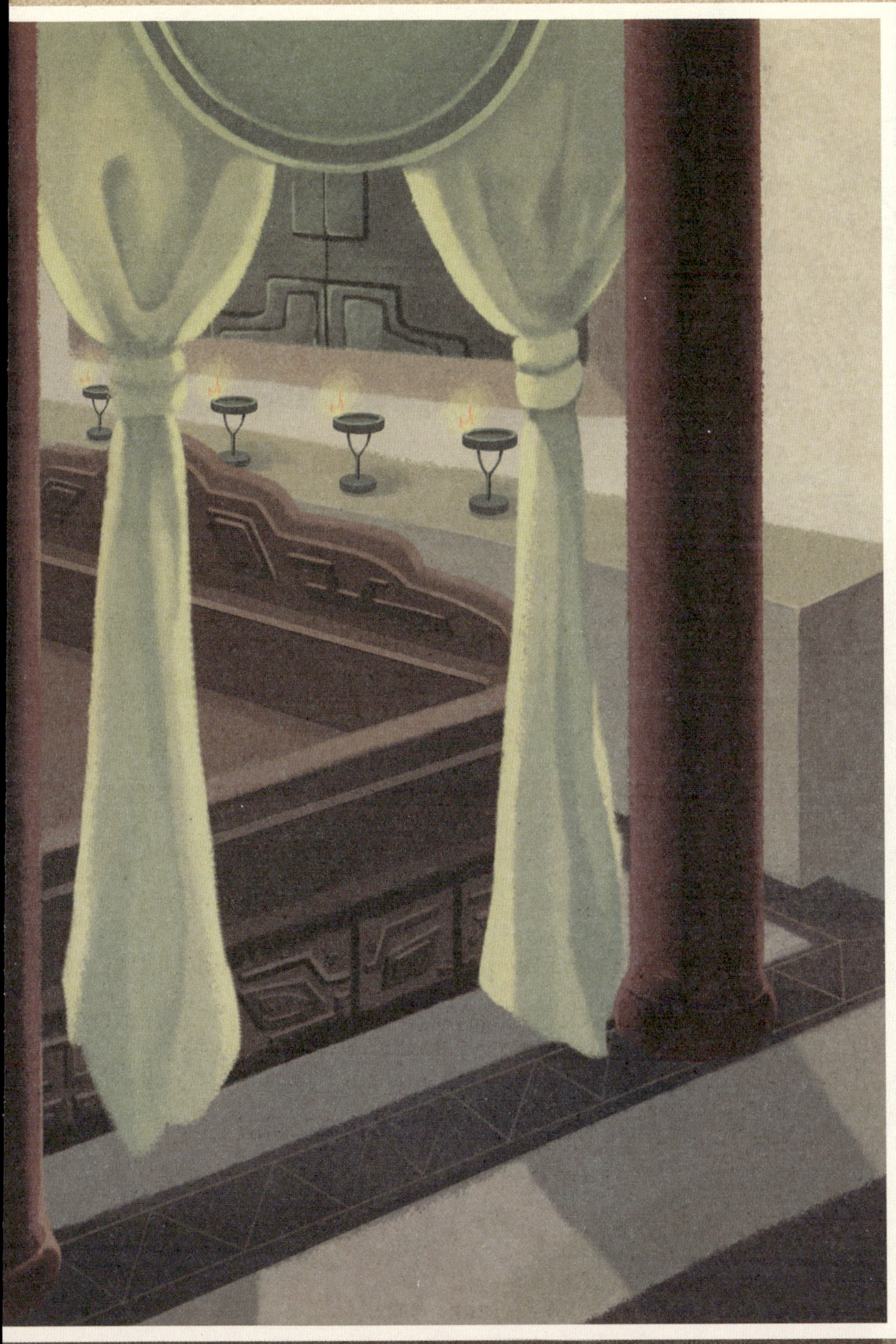

不同，她的殓服不是凤冠霞帔，而是最高等级的大祭司服。盛殓之下的妇好丝毫没有伤痛的感觉，整个人无比庄重神圣，只不过紧闭双眼，呼吸似有似无。

子满忍不住先哭出声来，嘴里呼喊着："大祭司，你醒醒！醒醒！"

我尽量忍着泪水，可是，当子满泣不成声的时候，我也难抑悲痛，痛哭出声。

我们以为妇好已经永远地离我们而去，可当我们无比悲痛的时候，妇好突然醒过来，以极其微弱的声音说："子六、子满你们来了？"

我当时听得真真的，随即掐了子满一把。子满惊诧之余，也发现妇好的嘴轻微地张翕，似乎有话要说。

我赶紧说："快去叫大王！"

武丁进来后，轻轻托起妇好，柔声细语地说："好，我跟子六兄弟都在，你有什么要说的，尽管说！"

妇好似乎回光返照，以一种罕见的、热烈的眼神望着我跟子满，然后凝聚整个生命残存的力量，说道："六、满：你等少年才俊，实是我巫族未来之星，大商有你们在，可谓幸甚。巫族未来振兴，必然可期。你二人通晓古今，必知兴衰隆替的规律，大夏当年何等强大，如今安在？我跟大王伉俪情深，即使死了，又有何怨？唯愿我王万年，大商万年，我纵死九泉，也可安心了。你二人务必继承我之夙愿，扶保大商国祚万年！你们答应我，要不然我死不瞑目！"

我跟子满纷纷垂泪，齐声说道："大祭司放心，我们一定会竭尽所能辅佐大王！"

听了我们的许诺，妇好满意地点点头，又深情地望了一眼武丁，然后双目一闭，溘然长逝。

2

妇好死时只有三十三岁。

武丁无法接受妇好的死，陷入巨大悲痛中。他相信妇好的灵魂不灭。为了安慰妇好的灵魂，他根据商人的传统，接连给妇好举行三次冥婚，先后将她许配给祖乙、大甲和成汤。在武丁的心目中，妇好的地位只有上述三人才可比拟。

众所周知，上述三人都是商朝的列王，而且一个比一个分量重，成汤是商王朝的立国之君，最后武丁把妇好许配给成汤，可见妇好在他心目中的地位一次又一次地被抬升，已经到了无以复加的程度。

在日日夜夜无尽的哀悼中，大王武丁已经难以治国理

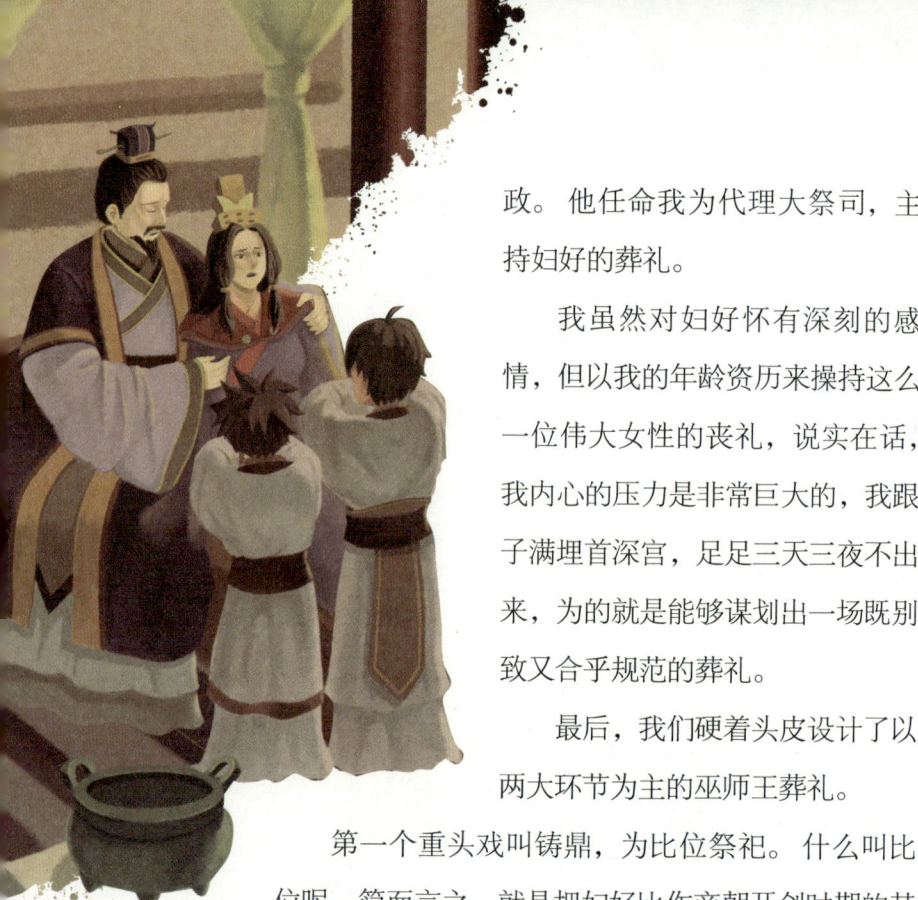

政。他任命我为代理大祭司，主持妇好的葬礼。

我虽然对妇好怀有深刻的感情，但以我的年龄资历来操持这么一位伟大女性的丧礼，说实在话，我内心的压力是非常巨大的，我跟子满埋首深宫，足足三天三夜不出来，为的就是能够谋划出一场既别致又合乎规范的葬礼。

最后，我们硬着头皮设计了以两大环节为主的巫师王葬礼。

第一个重头戏叫铸鼎，为比位祭祀。什么叫比位呢，简而言之，就是把妇好比作商朝开创时期的某个同级别的人来进行祭祀——既然大王武丁已经将妇好配享成汤了，那我决定妇好的祭祀级别就按照成汤的王后有莘氏的级别来，这在整个大商数百年的历史上是绝无仅有的，当然这份荣誉归到妇好头上也是实至名归。

为此，我责成子满监工，开始铸造"后母辛鼎"。妇好死后被武丁谥为"辛"，在她的葬礼上，各种礼仪、铭器都要用"辛"字来代替妇好了。

子满知道"后辛"生前最喜欢兽面纹饰,所以"后母辛鼎",短沿、方唇、立耳的长方形口下四面及转角装饰的都是兽面纹,雷纹作地,腰边底饰乳丁,足上部的兽面装饰非常醒目。

第二个环节叫铸尊,为了给妇好献上裸祭,这可是我跟子满对妇好的最高致敬。

我猜想很多人看到这儿,一定以为我跟子满要赤身裸体了,是不是?可惜,让你们大失所望了。我所说的裸祭跟你们理解的光身子祭祀相差十万八千里。这里的裸,不是裸体的裸,而是"浇""灌"的意思,裸祭的意思就好比后世的奠酒,用铜尊把酒奠在地上,是为了请神降临,护佑亡灵。

为此,我们遴选大商最负盛名的青铜铸造师,铸造一个"鸮尊"——三千多年以后,又被当时的人称为"妇好铜鸮尊"。这件青铜器可是由我这个代理大祭司亲自监工的,所选用的青铜原料、画工、雕工、纹饰、颜色,都是当时一等一的,大气与神韵兼备,仿佛大商的战神鸮神鲜灵灵地寄托在铜尊之上,永不离开。

我想,只有这件鸮神铜尊才配得上妇好戎马倥偬的一生和与日月同辉的赫赫功绩。也只有这件鸮尊能够代表妇好传奇的一生及其流传百代的尚武精神。

　　祭祀的当天，妇好躺在棺木中，已然听不到尘世的喧嚣和吵嚷，任凭前来参加祭祀的人群顿足捶胸地哭泣，无限哀痛地起舞，声嘶力竭地呼喊；任凭大王武丁在棺前久久徘徊，伤感垂泪；任凭曾经跟随她出生入死的那些士卒发出惨烈的殉葬请求；任凭她最青睐的两个巫族后生洒泪如雨，痛哭流涕……她静静地躺着，这个世界不再跟她有关。

　　棺椁里面，陪伴着妇好长眠的只有那个帮助她创造了战争神话的鸮神宝杖。那是她沟通人神两界的法器，倾注了她的全副心魂和满腔热血。

　　棺前的祭桌摆着青玉簋和鸮鸮提梁卣，里面盛着最精美的食物和酒水。只有最洁净的食物和水才能配得上妇好纯净无瑕的灵魂。

　　时间像锋利的刀片一刀一刀地割在心头，每过一秒，割上一刀，等扶柩的武士把妇好的棺椁抬进墓地的时候，所有人的心已经被割得血肉模糊。

　　我在模糊的泪眼中，看到子满哭倒在墓前。我想去扶他一把，可是悲痛似乎压住了我的双腿，让我寸步难行，只能任凭涕泪屏住了我的呼吸。

青玉簋

　　我国迄今所见年代最早、体积最大的玉制容器，它以和田青玉雕凿而成，呈碧绿之色，莹润无瑕。玉簋颈部饰有两圈凸弦纹，腹部四条脊棱间饰三层勾连曲线纹及云雷纹，底部圈足饰变形云纹、目纹。雕功极为精美。现藏于中国国家博物馆。

3

我们对妇好的敬爱怎么形容都不为过,以至于在她去世后的大半年里,只要看到或触及她的衣物、器物或场景,我跟子满的心中仍然会漾起余悲,泪水在眼圈里打转。

在这大半年的时间里,我作为代理大祭司主要干了两件事:为武丁的征伐进行占卜;为纪念妇好进行祭祀。国之大事,惟祀与戎。于此我体会很深,祭祀和占卜占据了商人的大部分时光,而我跟子满作为巫族的一员,又担任着重要的职务,于是能够深入当时的生活。

就在妇好七月祭——纪念妇好去世七个月的前夕,子满从皇家藏书室找到我——忘了跟大伙说了,自从鸮神宝杖追随妇好而去之后,子满就失业了,后来他被选入皇家藏书室,成为一名图书管理员,负责藏书室甲骨文档案的整理工作,他还爱上了写作,经常写一些带有强烈主观色彩的文章,时不时还拿给我看,最后被我批驳得体无完肤,好在他这个人越挫越勇,我越批评他,他写得就越多,眼看都快写完一本书了——脸上宛然还有泪痕。

我忍不住奚落他:"咋了?是不是又看上古代的爱情小说了?老哥早就劝过你,不要看一些乱七八糟的东西,把那些重要的甲骨卜辞整理整理，对我们大有用处，你就是不听！"

子满一脸的委屈："老哥，你哪里知道，我这是思念妇好了。难道你忘了她的临终托付了吗？你是个那么无情的人吗？"

"你这是怎么说你老哥呢？我也十分思念妇好，可那有什么用，也不能让妇好重生啊！"

"妇好临终，让我们扶保大商千年万年，你难道一点想法儿都没有？"

我一拍脑门："这些日子光忙着祭祀了，怎么把这茬给忘了？该死！该死！"

"我还以为你贪恋代理大祭司的位子，想着转正呢！你快醒醒吧，咱们可是穿越过来的，你还想在商朝待一辈子啊，我可受够了，光那些跟图画似的甲骨文就够我受的了，每天还要攻治大批的甲骨，再不想办法逃走，我的小命就要交待了。可是，我也不是无情无义之人，再怎么说，在我们走之前，也得帮妇好把她的遗愿给实现了。"

"你小子说得容易，哪那么好干啊，你想篡改历史吗？我告诉你，商朝迟早是要亡的，就像夏朝一样，这能以咱们的意志为转移吗？你小的时候也看过小人书的，有一本

《封神演义》你知不知道？那里面讲的就是纣王，也就是帝辛，被周武王打败的故事。那是板上钉钉的事，咱们有什么办法？"

"只能死马当活马医了！"

"你小子什么意思？"

"我们可以穿越到帝辛时代，帮助他改正错误，兴许就能改变大商灭亡的历史！"

"老弟，这未尝不可一试。但是我告诉你，帝辛这匹死马可不好医。"

"谋事在人，成事在天。相信妇好在九泉之下，看到我们为她做出的努力，也应含笑。成不成的，她也赖不到咱们头上。如果不去试一把，那咱们可就辜负妇好对咱们的信任和殷殷期望了！"

"你小子别拽词儿啦！去就去，谁怕谁啊！但是，我得提醒你，帝辛可不是大王武丁，他可是一个集天使与魔鬼为一身的帝王，好的时候比尧舜都好，坏起来比夏桀还狠。跟他打交道，事成不成先不说，小命儿能不能保住还很难说。就你这胆小鬼，别说我没提醒你！"

"老哥，这也不是你的风格啊，到了那边，尽量智取，切记勿用蛮力！切记，切记！安全第一！"

"江山易改，你小子本性难移！"

我朝着子满屁股踢了一下，他像"喵星人"一样，滑溜溜逃走了。

我们命名这次行动的代号为：回到未来。

回到未来比穿越到过去可麻烦多了。穿越到过去，只要有先人的遗物就可以，比如先人手植的树木、用过的甲骨、穿过的衣物、留存的手稿等，都可以成为穿越的媒介；穿越到未来就不行了，哪里有未来的什么东西在它的前代出现呢？

只有依靠占卜了。未来只要还是大商的天下，就离不开占卜，在月圆之夜进行占卜，沟通帝辛时代的祭司，我们就可以回到未来。就像我们当初在汤时代跟妇好沟通一样。

在一个月圆之夜，子满沐浴更衣，手执龟甲，进行占卜，可是一连占卜了三次，龟甲的背面都接收不到任何帝辛祭司的回应。

我心中纳罕，难道帝辛时代的祭司在月圆之夜不进行占卜吗？历代商王在每月十五这一天都要进行占卜的啊，因为这一天禀天地至阴之气，占卜最灵。

我满腹狐疑："老弟，事情不对头，帝辛时代没理由不占卜啊？"

子满心有不甘:"我再试一次!"

"别试了,占卜一件事三次以上,就是妇好重生也不灵。你把占卜对象换成普通的巫师试试!"

子满依言,这次终于有了回应。但卜辞的信息却是劝我们不要穿越到帝辛时代。我们再次通过占卜告诉帝辛时代的巫师:我们必须得去。

由于我们是他们的前辈,巫师的级别又很高,所以他们不得不答应协助我们穿越。

可是,在进行穿越之前,一种大事不妙的感觉笼罩在我的心中,我总觉得这次穿越凶多吉少。不过,正如子满所说——就是在帝辛时代遇到凶险,我们也要去帮妇好实现她的遗愿。

第10章

傲视天下

①

到了帝辛时代——帝辛被谥为纣，是商朝灭亡以后的事——睁开眼睛的一刹那，我们发现竟然是在一座小破古庙里。

里面有一个人正在熬稀粥。那哪里是粥啊，锅里的米粒寥寥可数，一锅清水米汤沸腾着。那个人一边搅拌锅，一边吞咽涎水，好像饿死鬼托生一样。

子满满脸鄙夷："你就是跟我沟通的那个巫师？巫师当到你这个份上，也算是出奇了！国家大事，惟祀与戎。这祀与戎哪一样离得开咱们巫族！你还在这儿熬稀粥，丢不丢人？"

我赶紧制止子满:"子满,你别胡说了。谁愿意在破庙熬稀粥啊,肯定是迫不得已。你不等人家说明,就在这儿指手画脚的,真是无礼!"

子满一吐舌头:"我跟他开玩笑呢,不过,这巫师混得可够惨的,咱们得问清楚!"

那个巫师找来三个破陶碗,然后舀了三碗米汤,分别递给我跟子满。他自己留了一碗,迫不及待地喝了起来。

喝了个水饱,那巫师才说:"你们二位来得不是时候,刚才这位小兄弟的话我都听见了,可我没力气反驳。在这里,巫师能够活下去已然不错了,还想着吃饱喝足,做梦去吧!"

我不解地问:"这是为何?难道巫师到了帝辛这一代就衰落了吗?"

"不是衰落,是被抛弃!"

子满理解不了:"抛弃?你是说帝辛抛弃了巫族?这不是天大的笑话吗?从汤王开始,大商历来都是巫王共治,巫族怎么会被抛弃?王族被抛弃,巫族都不会被抛弃,你这是信口胡诌吧?"

那巫师一咧嘴:"您爱信不信。帝辛不是历代先王,他生生把巫族抛弃了,什么事都自己说了算,漫说巫族,整个天下人他都不放在眼里，人家可是傲视天下！"

"傲视天下？"我简直不敢相信自己的耳朵，"没有了咱们巫族的支持，他凭什么傲视天下？"

"这您就有所不知了。人家靠的是自己的头脑。咱们这个商王可不一般。博闻广识，反应机敏，能言善辩，而且孔武有力，能够赤手空拳搏击虎豹熊罴，可谓能文能武，文武双全。但就是有一样，他不敬巫，不祀天，仇视咱们巫族。前些天，还下了一道旨意：停止祭祀，驱逐巫族。胆敢有违背的，要受炮烙之刑！"

"炮烙之刑？这是个什么刑罚？"子满不爱读书，什么对他来说都是问题。

"是啊，从大禹王建立大夏到如今一千多年，从来没出现过如此恶毒残酷的刑罚。在这方面，咱们这位大王可是个伟大的发明家，他创制了炮烙之刑——把罪犯绑在抹了油膏的铜柱上，然后用炭火把铜柱烧红，罪人生生被火红的铜柱烙死。"

子满下意识地哆嗦了一下，好像他现在就被绑在铜柱上。

我心里也是一阵发紧："大王为什么这么憎恨巫族？"

"这事还得从武乙射天说起。"那人叹了口气说。

在蛛网缠结的破旧古庙里，这个十分可怜的巫师给我们讲述了以前一位荒唐商王所做的一桩荒唐事。这件事直接导致了帝辛对巫族的厌恶，甚至是仇视。

话说，大商王朝王与巫共治天下。小臣伊尹是五朝元老，长期把持朝政；其后，先后出现过太宗太戊时期的巫咸理政和祖乙时期的巫贤理政；武丁时期，巫族的势力达到顶峰，大祭司不但辅佐大王处理政事，还要领兵出征，开疆拓土；武丁以后，巫族势力延伸到王朝的每个角落，王巫共治的平衡被打破，天平向巫族倾斜，王族怒而不言。

到了武乙时代，大王武乙决定为王权而斗争。

武乙是商王朝的第二十七任王，他决定复振王权，削弱神权，打击巫族的嚣张气焰。为此，他思谋良久，决定亲自"射天"，向巫族挑战。

他命人雕刻了一个人形木偶，还给这个木偶穿上艳丽的服装，让它代表"天神"。然后他跟这个"天神"对弈。可是木偶怎么能下棋呢？这不是成心吗？巫族对此极其不满。后来，武乙也觉得胜之不武，就找来一个巫师顶替"天神"。双方展开对弈，结果武乙大胜，巫族大败。武乙便对外宣传，自己战胜了"天神"。

这还不算，武乙为了惩罚输棋的"天神"，命人脱掉了木偶的衣服，并当众羞辱一番，最后又放了一把火，焚了木偶。火光冉冉，把武乙的影子映得特别高大。这活生生的隐喻让巫族不寒而栗。

武乙为了在精神上彻底摧毁巫族，又命人制作一只大皮囊，将大皮囊里面盛满牛羊血，高高地挂在长竿之上。武乙拉满弓，亲自仰射，一箭正中皮囊，污血立马迸射。

武乙经常用这样的行为来表达他对巫族的反感以及对神权的怒火。

可是，巫族根深势大，表面上虽然尊王，可是大王既然这么不给面子，那巫族也不是吃素的。于是在武乙一次外出打猎的时候，正值狂风暴雨，巫族的几位祭祀聚在一起，共同对武乙进行诅咒，使得武乙在归途被雷击死。

刚刚露头的王权反抗神权的苗头，轻而易举地就被强大

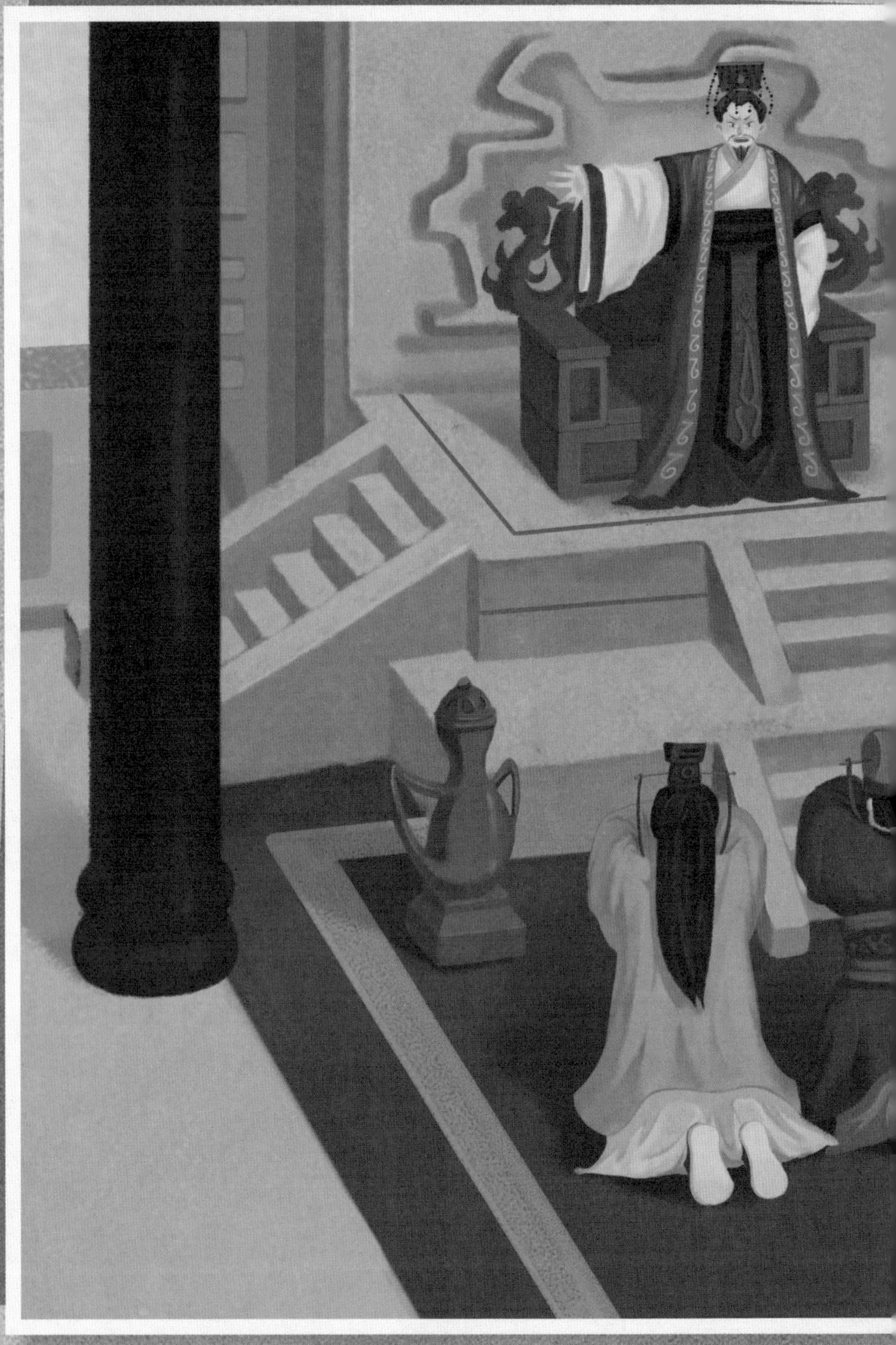

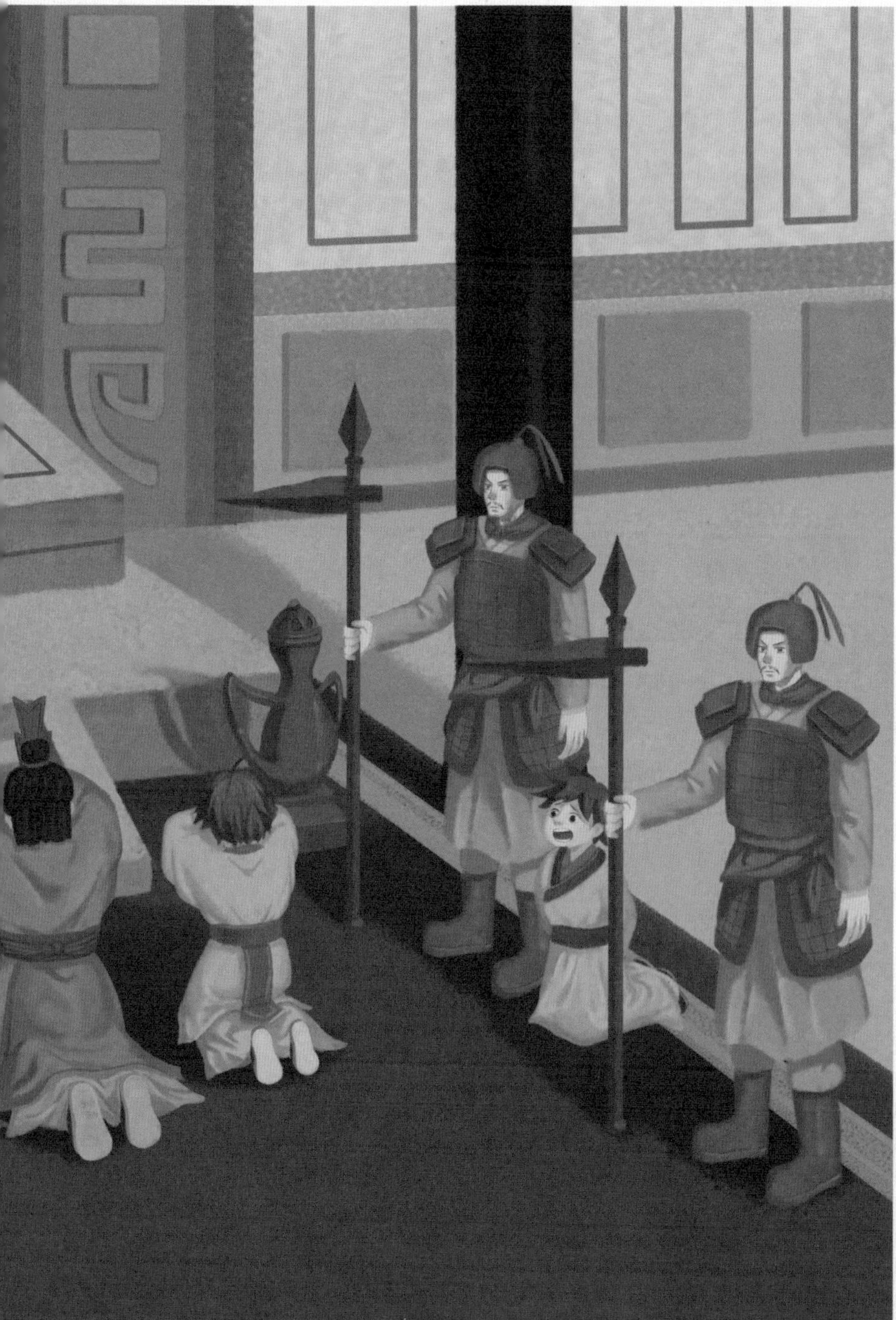

的巫族力量扼杀在萌芽阶段。从此王权复兴的行动陷入沉寂，但是并没有消亡，直到帝辛这位强悍之主登上大商的王位。

2

帝辛登位后，无法容忍这种情况，下定决心跟巫族决裂。他先是停止了王朝内部的各种祭祀活动，接着用强制的办法把巫族驱离各种重要岗位。最厉害的一招就是发布"逐巫令"，限定各级巫师一定期限内离开大商，或者脱离巫籍，成为平民，否则格杀勿论。

为了保证这些措施坚决被实施，帝辛成立了一支只听命于他的军队。因为有了军队的支撑，大商再也没有发生过类似于"雷击"这样的意外死亡事件。

那个巫师可怜兮兮地总结道："说起来，也是巫族这一百多年来太过于膨胀，王巫共治是多么美好的局面啊，可惜巫族偏偏贪心，与他们一向所秉承的信念背道而驰。王族的反抗情有可原，可是，我们这位大王赶尽杀绝，未免也失之太过。像我这样老实巴交的巫族能逃到哪里去，不过等死罢了，呜呜呜……"说到伤心处，他老泪纵横。

我安慰他："别伤心了，事情的关键是要去除帝辛对巫族的敌意，恢复王巫共治。不行，我得面见帝辛，王族和巫族不能这么别扭下去，这样会要了大商的命！"

这番话说得那人一头雾水："面见大王？你算老几啊！况且巫族逃都来不及呢，你倒主动去送死不成！"

"就算是死，我也得去，我跟后母辛做了承诺的！"

"后母辛？大王武丁的王后妇好？"

"对啊，我答应她帮忙延续大商的国祚，现在到了最危险的时刻，再不去面见大王，恐怕最后王巫火拼，大商必亡！"

那人知道事态严重，也不好再劝。

我们从破庙里出来，奔着朝歌城进发，好在路途不算遥远。好大一座朝歌城，楼阁林立，市井繁华。我们找了一间客店先住下，等明早去闯宫。

漫漫长夜，我睡不安稳，思绪烦乱，毫无条理。见到帝辛应该说些什么、怎么说，一筹莫展。天蒙蒙亮了，我催促子满起来，顾不上吃饭，直奔王宫。

宫门口有两面大鼓，是为有紧急要务却无权进宫的平民准备的，我跟子满各持鼓槌，把两面鼓擂得震天响。时间不长，一小队武士过来，押着我们进了宫。

早朝开始有一会儿了，帝辛正襟危坐，正在跟臣僚们讨论事情。我们离得远，听不真切在说什么，依稀是九侯、鄂侯上表，为巫族说好话，结果帝辛勃然大怒，要处罚九侯和鄂侯。

我跟子满跪倒在地。

帝辛上下打量我们，余怒未消，厉声问："何方小子，敢击鼓言事？"

我没空自我介绍，也顾不得龙颜震怒："大王，祸事将至，你难道就没有觉察？"

"你小子危言耸听！自从寡人即位，复兴王权，打击神权，巫族屏息敛手，老百姓安心度日，何祸之有？"

"巫族被削弱本来也无可厚非，怪只怪巫族贪求无度。但赶尽杀绝就太过分了，等同于自断臂膀，一旦变生肘腋之患，您凭什么来防范？"

"胡说！自从先王武乙以来，历代先王受尽巫族挟制之辱，连放个屁都要看祭司的脸色，简直生不如死，寡人现在驱逐巫族，就是要给几位先王长长脸，同时警告普天下的巫族，从今而后，大商改弦更张了：王族说了算，巫族靠边站！不——是

滚蛋!"

帝辛果然能言善辩,看来我不是他的对手。我干脆给他下一剂猛药:"大王,实话告诉你吧,大商要亡在你手里!"

话音刚落,两旁的武士立刻过来,把膀臂抡圆了,照着我腮帮子,啪啪就是两下,打得我眼冒金星,天旋地转。我感觉腮帮子顿时肿起来了。我本想发作,可一想,小不忍则乱大谋,这不过是两个耳光,比起那炮烙之刑都是小意思。

帝辛阴沉着脸,摆了摆手,示意武士们退下,问我:"你受什么人指使,竟敢说大商会亡在寡人的手里?"

"我受谁指使并不重要。说出指使我的人来,你或许也不信。我只告诉你,大商切切实实要亡在你手,除非拨乱反正,回到王巫共治的轨道上来!"

帝辛大笑:"我明白了,你小子是巫族的人,要不就是被巫族买通来说服本王的,是不是?"

"大王,没谁买通我,是我自告奋勇要来的。我冒着被您

杀死的危险，就是要告诉您：若干年后，您将被周族打败，大商也随之亡国。周族将建立周朝。周朝给您起了一个谥号：纣。那可是天底下最恶毒的谥号。周朝的史官把您写成了一位'荒淫无道，宠爱妲己，酒池肉林，醢脯重臣，剖杀比干'的昏王，你将被钉在历史的耻辱柱上，永世不得翻身！"

帝辛笑得更大声了："周族？你开玩笑吧，周族有那个胆量吗？你一定是巫族的，为了重获往日的荣光，上演各种伎俩，跟我装神弄鬼！"

我顿时被气得翻白眼。

3

子满突然站起来，不顾死活地说："昏王，你就不能放巫族一马吗？"

帝辛大怒："放肆！你们到底什么来历，突然闯进宫门，跟我大言不惭，胡说八道？来人，把这个小子叉出去，准备炮烙之刑！"

武士答应一声，把子满架起来就往外拖。

我急了："且慢，大王，听我说完，要是我说得不对，我们哥儿俩任您处置！我们是巫族不假，但我们是武丁时代的巫族……"我就把妇好临终嘱托以及我们穿越而来的事，大略讲了一下，"那个时候，王族和巫族和平相处，公平相待，王巫共治，堪称佳话，大商好多好多的疆土都是巫族抛洒鲜血打下来的，在大商的历史上，巫族的功劳远远大于过错。武乙时代，巫族确实有些过分，但也不能成为你灭掉巫族的理由吧？王族跟巫族决裂，就会给外族灭商提供机会，就会危及大商的国运！"

帝辛让武士放回子满，略微沉吟，说道："妇好有功于大商社稷，我并不否认。但武乙及其后诸王深受巫族挟制也是不争的事实。本王即位之初就发过重誓，与巫族势不两立！今天你们狂悖无礼，本王且不予计较，但就凭你们几句话，就想给巫族平反，也是痴人说梦。寡人不杀你们，放你们回去，但不允许你们离开朝歌半步，寡人要让你们亲眼见证，没有巫族的共治，本王也能让大商复兴！"

"大王，糊涂！"我急得团团转，如果跟他说我来自三千年后，通过历史课本知道了商朝就亡于他手——他是绝对不会相信的,一定以为我是疯子。我心急如焚,有些语无伦次,"您高明能高明过汤王吗,您厉害能厉害过武丁大王吗,他们尚且需要巫族的辅佐,您怎么敢说就用不着巫族?巫族在大商子民的生命和生活中占有多么重要的地位,您不是不知道,商人从一出生到最后走进坟墓,时时刻刻都离不开祭祀,您难道要弃天神、祖宗于不顾吗?"

帝辛断喝一声:"大胆,要你教本王如何治国吗?巫族自作孽不可活。他们沉迷于凌驾于王权之上的特权,嘴上说着与王共治,实际上则通过祭神活动让王族成为摆设,以前,诸王稍有警醒就会被他们害死,如今想要害本王,本王绝不会坐以待毙!"

"可是,您想过没有,驱逐巫族,使得国家陷入分裂,百姓不能祭祀祖宗,不能为后代祈福,久而久之,您就会大失民心,如果有外族趁机起事,失去了民心的大商能够支撑多久?"

"外族起事?笑话!四方异族闻寡人之名,无不丧胆,寡人不去寻他们晦气就是他们的造化了,他们哪里还敢造反?就拿你说的那个周族来说,本是西方小族,大商封他们在周原,世世代代为臣,他们感恩戴德还来不及呢,如何会反?"

"西伯侯姬昌在周族实行仁政，大力笼络人心，他的儿子姬发更是一代雄主，将来必成大商劲敌。你居高而治，傲视天下，对下边的事不以为然，这是掩耳盗铃，养虎遗患。今天我把话放这儿，不出十年，灭商者必然是这个姬发！"

我还想往下说，把我从历史课本里学到的关于武王伐纣的那些知识全都说给帝辛听，可是偏在这个节骨眼上，武士上殿来禀道："九侯、鄂侯、西伯侯觐见！"

帝辛让武士把我跟子满拉在一旁，厉声说："让他们来！"

不多时，三位苍然老者上殿，叩头如仪。

帝辛盯着其中一个老头说："九侯，你不在鬼方养老，如此年纪来到朝歌，所为何事？"

九侯老迈，佝偻着身子，慢悠悠地说道："老臣不为别的事，只为巫族被逐一事，还望大王三思，收回成命！"

帝辛冷笑，问另外两位："鄂侯和西伯侯也是这个意思吗？"

那两位齐声道："望我王三思，收回成命，大施仁政，救民于水火！"

这三个老头真是胆大，竟然敢跟帝辛这么说话。这三位侯爷所在国是大商最大的三个属国，个个根基深厚，土地人口不容小觑。

就拿那个西伯侯姬昌来说，他的父亲叫季历。季历杀伐四方，开疆拓土，引起商王文丁的警觉，趁季历来朝的时候，将他杀死。姬昌为父报仇，起兵反商，结果被商王帝乙打败。姬昌从此知道商朝不好惹，就采取韬光养晦的政策，经过二十年休养生息，到了帝辛时代，已经具备了挑战大商的实力。

鄂侯也不是省油的灯，他原是盂方的首领，帝乙时代，大商通过胡萝卜加大棒政策，几经征伐、安抚，盂方才臣服于大商；鬼方不用多说了，武丁时代曾是商朝的劲敌，后被妇好征服，臣服于商朝，替商王打仗、祭祀、贡献人牲和官吏。

这三个方国：周国在商朝西面，鬼方在商朝北面，鄂国在商朝南面。帝辛即位之初，对内打击巫族，对外征服东夷，不得已对此三国采取笼络政策，安稳后院。

可是，就在帝辛对东夷大施鞭挞政策之时，这三国在背后小动作不断，一边暗中收留被帝辛驱逐的巫族势力，一边整修内政、拉拢人心，不断蚕食大商领土。

帝辛对此非常气愤，只不过因为大军去征东夷，腾不出手来收拾他们。帝辛心想，三公老奸巨猾，我不问他们的不是，反倒到我跟前兴师问罪来了，那可就别怪我不客气。

帝辛突然变脸说："三位勾结巫族，捣乱后方，本王不杀，不足以正国人视听。来人，将九侯、鄂侯推下去，剁成肉泥，制成肉脯，分发给四方异族的首领尝尝。西伯侯姬昌，平日向来恭顺，一定是受了九侯、鄂侯的蛊惑，才对本王无礼的，本王不忍治罪，囚禁狱里，以观后效。拉下去！"

武士上来，不由分说，把三个老头押下去了。

我站出来说："为何不杀西伯侯？你不杀他，你会后悔的！"我为了能够阻止大商灭亡，也顾不了许多。

"我不杀他，就是要让你看看，你说的那些屁话是不是真灵验！把这两个不知道天高地厚的小子给本王轰出去！"

武士过来，粗鲁野蛮地拖着我们往外走。

"他们要是胆敢跑出朝歌半步，就把他们的腿砍断！"

第11章
鹿台之火

①

拜帝辛所赐，我跟子满被盯得死死的。如果我们在客店，里里外外都站满了武士，连蚊子都飞不出去；如果我们到大街上溜达，前面后面左边右边都是盯梢的人，虽然看似跟我们无关，实则他们的双眼从没从我们的身上离开过。

好几次，子满气愤不过，想过去跟这些武士理论一番。我告诉他，秀才遇到兵，有理也说不清，况且他们都是奉命行事，跟他们理论没有任何用处。

好在吃喝坐卧的供应都不差。我们虽然插翅难飞，却也没受什么虐待。

有一天，我们正在客店歇息，有一个小厮鬼鬼祟祟、缩头缩脑地过来，假装给我们斟水，趁机扔下一个袋子在案几上。

子满见了，高声说："老哥，这水可真解渴，你可得多喝几杯！"

我趁着他说话，把袋子放入衣服里，说："不行了，老哥我有点困了，你还是扶为兄回房歇息吧！"

子满过来扶我："得嘞！老哥你悠着点，咱们走！"

到了屋里，我们打开袋子一看，十几片甲骨连缀在一起，上面密密麻麻写满了字。

我酒劲上来了，看见这些甲骨文，脑袋立刻大了三圈："老弟，别让哥看了，还是你读给我听吧！"

"老哥，我粗略看了一下，是姬发给你写的信！"

"姬发？他找我干什么？你仔细读来！"

子满低声读信：

巫六、巫满二位先生：

　　足下安好，姬发致意！

惊闻二位从武丁朝穿越而来，不胜崇敬。今又被囚客舍，国人愤怒而不敢言救。生逢末世，岂不哀哉！

帝辛即位以来，傲视天下，视国人如寇仇，待外族如奴役，天下之民，命如草芥，终日遑遑。帝辛暴政害人，无所不用其极。宠爱妲己，言听计从，无数忠烈殒命庙堂。比干，亲王近支，为博妲己一笑，竟然割胸剖心，血溅廊庙；九侯、鄂侯仗义忠言，为巫族请命，竟然为醢为脯，惨不忍睹；妲己欲知胎儿何状，帝辛竟然生剖孕妇以观。如此荼毒生灵，天地不容！

巫，自古以来就与商王共治天下，如今却被驱逐狂野，衣难蔽体，食难果腹，朝不保夕，命悬一线。二位巫族前辈，历经数朝，熟悉国史，知悉故典，明晰治理。出于公心，忠心上言，险些遭难，帝辛无道如此，罄竹难书。

发，西伯侯昌之子，自幼受父熏陶，躬行仁义，爱民如己，敬天爱神，无一日不战战兢兢，如履薄冰。发之祖父，受戮于商。发之老父，耄耋之年，犹被囚羑里，命在一旦。为人子孙，敢不惕厉自省，奋发图强，一雪前耻？

周，世代在西陲，历经多世，蔚然壮观。历代先祖，励精图治，韬光养晦，数十年如一日。有大贤姜尚，直钩垂钓于渭水之畔。老父访之，交言甚欢，君臣契阔，把手而归。姜尚大才，治国殊能。周族大治，国富兵强，区区数年而已。

今者，周族带甲控弦之士十万，粮草马匹足支十年，国人上下同心，君臣将佐共命，誓要推翻暴政，改地换天。二位，巫族领袖，广得人心，振臂一呼，万人响应。如能与发结盟而战，帝辛之败，大商之亡，喘息间事尔！

商朝亡，而巫族不亡。发于此立誓：待灭商后，与巫族共治天下，二位为大小祭司！

敢违此誓，人神共戮！

小子姬发

子满读完了，嘟囔道："啰里啰唆，叽里呱啦，之乎者也，说了些什么啊？"

我敲了敲他的脑袋："老弟，这是周武王姬发写给我们的信。大意是让我们团结巫官做他反商的内应，成功后给咱们加官晋爵。"

"这么多甲骨文，就说了这么个事啊？"

"当然不是了。我只不过拣重点的跟你说。信里当然是说了好些帝辛的坏话，又说了好些他爷爷、他老爸的好话，又说了些奉承咱俩的假话，最后才是要我们做内应的真话。"

"不行了，我被绕晕了，看来这个周武王当真有些学问。"

"那是自然了，要不然能打败帝辛吗？他还提到一个人，姜尚，就是大名鼎鼎的姜子牙，已经投奔周族，日后灭商就是这个人的功劳！"

"老哥，你打算怎么办？"

我咬了咬牙，斩钉截铁地说："虽然我知道历史大势归于何方，也知道最终的结局难以改变，但我还是要站在帝辛这一边，为妇好的遗愿奋斗到死。这是我对她的承诺，只能如此了。"

子满拍案而起："对，我们不能辜负妇好对我们的信任！"

"我们给姬发回封信吧，我说你写。"

子满取来龟甲——这小子是个甲骨攻治专家，还是甲骨文识读专家，他的包囊里鼓鼓囊囊塞满了甲骨——铺排好了，等候下笔。

我说道：

姬发殿下台鉴：

　　来书收悉，惶恐之至！六、满何如人也，殿下抬爱至此，实不敢当。

　　吾等经历，说来话长，一入巫族，百世为巫。大商巫族，从小臣伊尹始，便与商王共治天下，一管俗世，一敬神天，各司其职，互为表里，各为心腹。妇好为大祭司，征拓四方，立下汗马功劳。武丁倾心，至死不渝。六、满亦是彼时被遴选入巫，也曾重誓保商，万死不辞。

　　帝辛痛恨巫族，巫族膨胀，自蹈其祸。大王滥诛，过犹不及。此皆内事，不预边臣。殿下西陲贵胄，世为商臣，当图报效，何故言反？殿下若反，将置周族历代先人于何地？将置周族万民于何境地？望殿下三思！

六、满，小子也。巫族虽不振，一旦商周有事，保商抗周，责无旁贷。不关善恶有道无道之论，尽巫族本分而已。

日后疆场厮见，各为其主，殿下勿怪！

小子子六、子满

子满放下笔，鼓掌道："老哥，说得好！有理有据有节，外交家也不过如此！"

"你小子别夸，看来大战难免，到时候你我是死是生，只能听天由命了。"

回信被小厮带走后，我跟子满陷入无限忐忑之中，俗话说，顺势者昌，逆势者亡。像我们哥儿俩这种逆历史潮流而动的人会有什么下场呢？

我们连设想一下的勇气都没有。

2

我们的担忧很快成为现实。

西伯侯姬昌被赎回成周后，更加励精图治，不断开疆拓土，增加实力。姬昌病逝后，姬发继位，成为周族的首领。他在姜尚、周公的辅佐下，开始积极谋划推翻大商。

姬发为了给灭商战争造势，在毕这个地方大肆祭祀姬昌。然后用车子载着姬昌的灵牌，准备东下孟津，召集诸侯会盟。

周军驾驶船只渡过黄河。船行驶到河心，忽有一条巨大白鱼跳进船舱，扑腾乱跳。姬发将白鱼捞起，献到姬昌灵位之前，大行祭祀。船到了对岸，突然又有火团从天而降，落在姬发居住的屋顶，烈焰似锦，形状类似乌鸦的样子，通体赤红色，降落的时候还伴随着轰隆隆的巨响。

到了孟津，大约有八百多诸侯前来会盟，大大超出预期。可是，考虑到这次东行过程中所出现的异象，姬发觉得：大商的巫族虽然被放逐了，被诛杀了，可是剩余的巫族仍然不愿意看到大商灭亡，所以才降下这么多的异象来警示他。

他于是跟诸侯们说："天命难测，现在还不是时候！"然后就班师回成周去了。

接下来发生的一件事，让姬发感觉到灭商的时机成熟了——帝辛为了加大征伐东夷的力度，把防卫朝歌以及近畿的军队全部调往东方，导致朝歌空虚，防御力量几近于

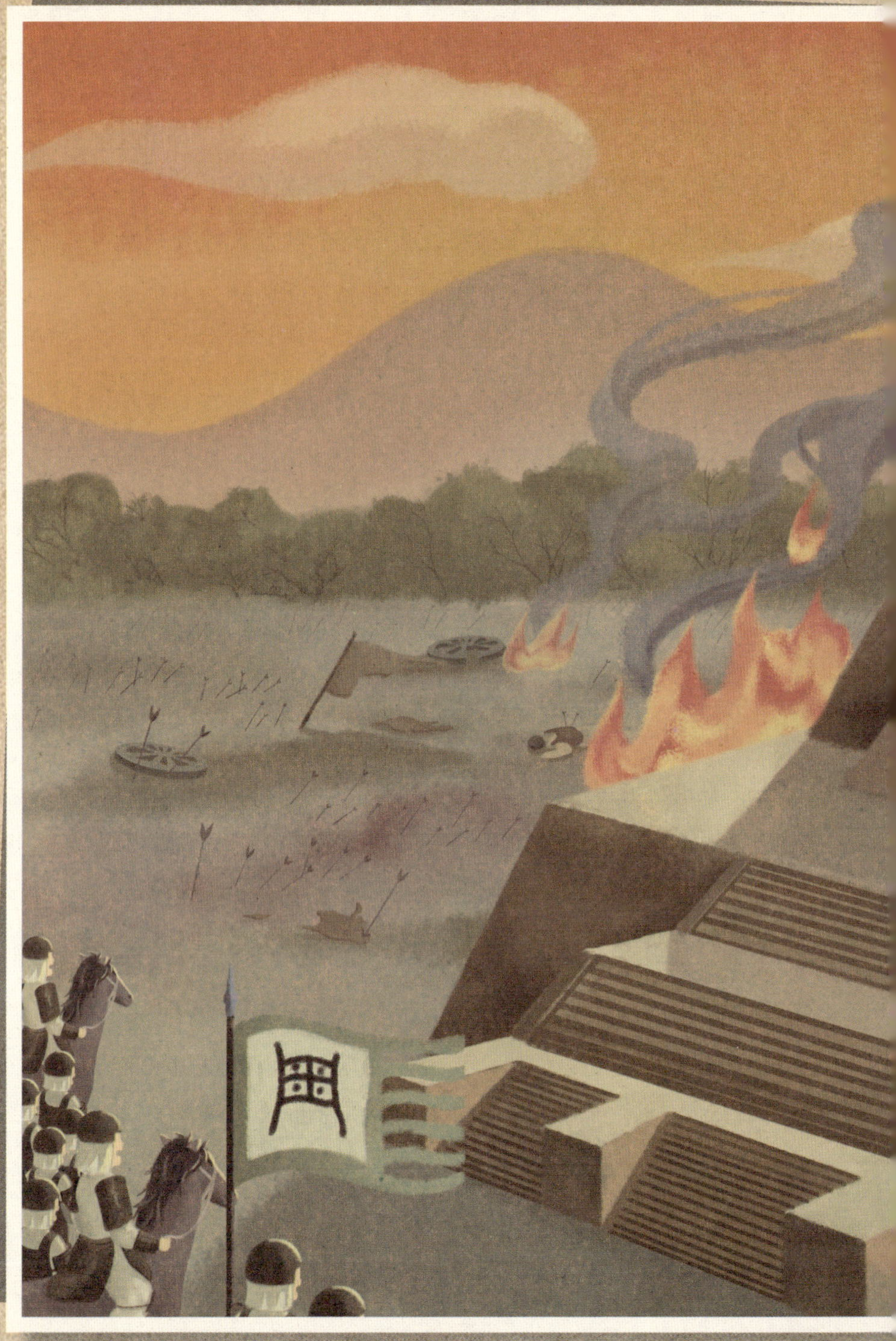

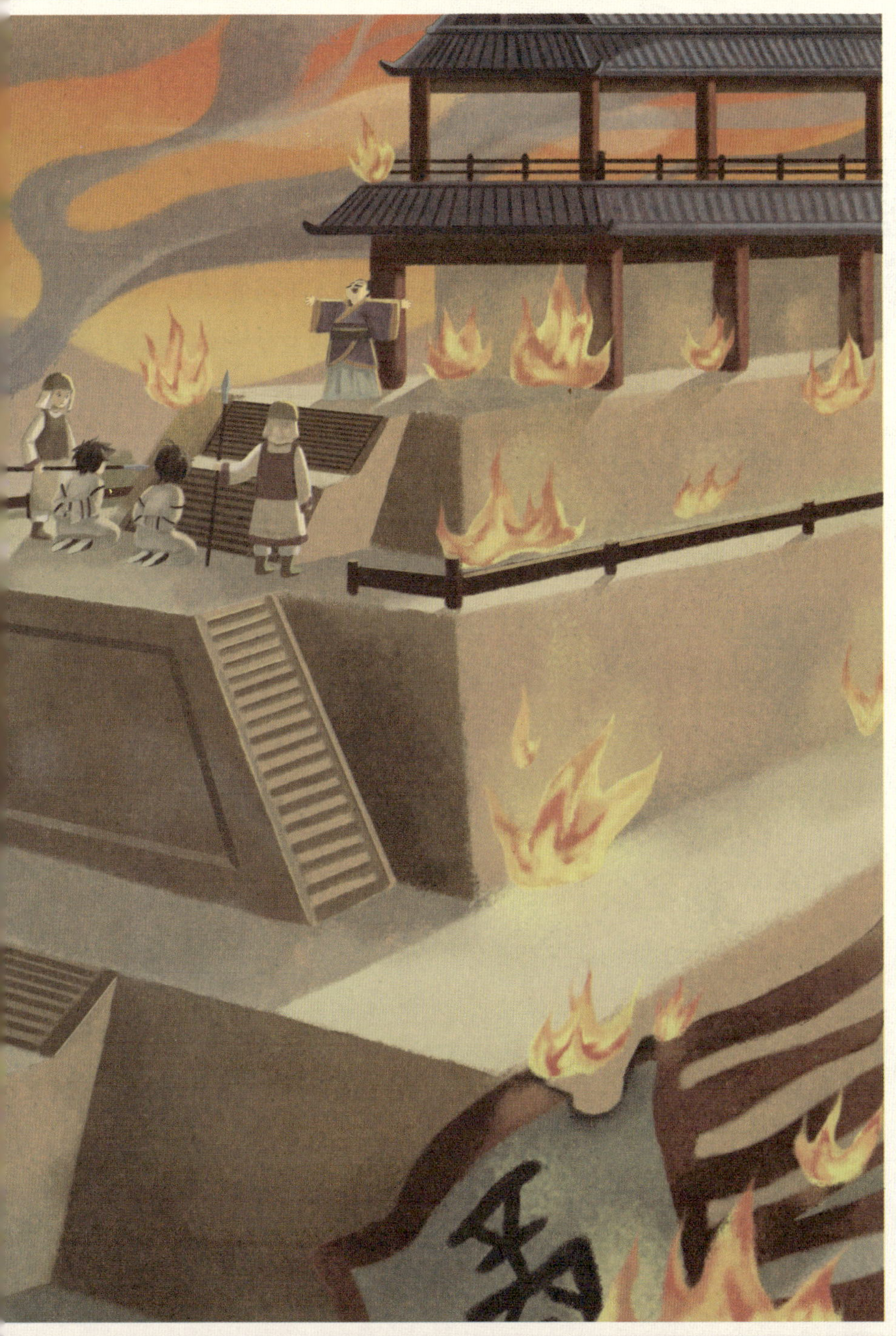

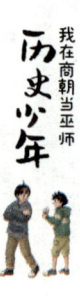

无。这可是天赐良机，姬发决定起兵。

他亲率战车三百辆，虎贲三千人，穿戴甲胄的战士四万五千人，东进伐商。很快，大军渡过孟津，会齐诸侯。姬发发表军前演说："大家要勤勤恳恳，不可懈怠！"并且作了一篇《太誓》，向众人宣告："现在殷王竟然听信妻妾之言，自绝于上天，违背天理，疏远自己的同祖兄弟，废弃其先祖的音乐，采用淫乱的音乐去窜改典雅的音乐，以取悦于他的妻妾。现在我姬发要替天行道。这次要努力呀，男子汉们，机会难得，不会有第二次机会，更不会有第三次了！"

大军几乎没有遇到什么阻拦，一马平川来到朝歌城的近郊——牧野。为了鼓舞士气，为了给即将到来的决战坚定信心和意志，姬发举行盛大誓师，并发表了震惊天下的《牧誓》。

姬发在《牧誓》中，控诉了帝辛的四大罪过：

第一宗罪：商王爱听女人的话。

第二宗罪：商王不认真祭祀祖先。

第三宗罪：商王不给宗室特权和世袭官职。

第四宗罪：商朝接收逃亡的奴隶。

誓师完毕，姬发会同诸侯之兵，共计战车四千辆，列阵于牧野。

帝辛也听到了《牧誓》的传布，心中怒焰千丈，但他却有些惶恐，因为商军的精锐和主力正在东方跟东夷作战呢，下令召回来，时间来不及了，当下没有可用之兵，这可如何是好？

最后，《牧誓》里的罪状给了帝辛灵感，他决定依靠流亡的奴隶和囚徒，把他们组织起来，跟姬发的大军进行决战。

他让武士将我跟子满绑到战车上，不可一世地跟我们说："睁开你们的眼睛好好看看，看我如何打败姬发的军队，看大商的军队在没有祭司的保佑下，能不能战胜！"

我冷静地说："大王，现在应该用缓兵之计，争取时间，调回东征的大军。"

帝辛哈哈大笑："你怕死在阵前吗？区区周族，还需要大军返还吗？"

"大王，不是区区周族，还有八百诸侯，还有姜尚、周公等谋士，您光靠这些奴隶囚徒是不可能打胜的！"

"那就拭目以待！"

帝辛亲自到城门督战，仓促应战的奴隶囚徒连阵型都摆不好，武器也是七零八散，拿什么的都有，队伍不整齐，士气不高昂，简直就是攒鸡毛凑掸子。

我跟子满被绑在战车上，推到最前线。姬发看见我们哥儿俩，就到阵前来说话："二位，早不听我的话，以致有今日之辱，帝辛之无道，也不用多说了吧，你们到了现在难道还要站在他的一边吗？"

我扭头，不去看他。子满一腔愤懑，说："姬发趁商军东征之际出兵，根本就是不讲武德。我跟哥哥虽然被帝辛绑了，可仍是商朝的巫官，一日为巫，终生保商。我们誓与大商共存亡，你不用多说！"

姬发叹赏："有你们两位这样的巫官，大商之福！为了你们这份忠贞，我决定停战三日。"

这下可麻烦了，帝辛一定会以为，我们跟周族有交易在先，现在周族来报答了。果不其然，姬发刚走没多久，帝辛就派武士把我们弄到城楼上，绑在他跟前的铜柱上。

三天很快就过去了。越来越多的奴隶和囚徒被组织到牧野战场上，人数看起来蔚为壮观，可是战斗力如何，还有待于大战的检验。

在子满后来所写的一篇名叫《城破之日——朝歌城的哀音》的回忆录中,记录了姬发灭商的全过程,现摘录于下:

在帝辛的眼中,商朝的文明要远远高于四方的蛮族,帝辛不把他们的军事动作放在眼中,更不理会他们为了军事扩张而编造的诸如"宠爱女色""酒池肉林""诛杀忠臣"等诸多谎言,从而忽略了内部保守贵族跟外部蛮族的勾结,忽视了人心向背,结果就在大商王朝最为辉煌的顶点,如大厦崩溃。周联军竟在一天的时间内,从晨到昏,就攻破了朝歌的大门。

下面就是武王伐纣的简略日程。

一月癸巳,武王自周兴师。

二月戊午,周师渡盟津,武王作《太誓》。

二月癸亥,夜,周师布阵于牧野。

二月甲子,早,武王在牧野作《牧誓》,冲杀当即得胜。昏,周攻占商都,殷王纣自焚死,俘商臣一百人。

二月辛未,武王赐匠人利金,铸铜簋,以纪念灭商。利簋铭文曰：武王征商，唯甲子朝，岁鼎，克昏夙有商，辛未，王在阑师，赐有事利金，用作檀公宝尊彝。

铭文中所提到的有事，即有司，是当时的官职名称。当时青铜被称为"金"，是只有王族才能使用的贵重金属，商军溃败之后，身为有司的利得到周武王赏赐给他的青铜，并铸造了一件铜簋，作为永世的纪念。由于这件青铜簋是利所铸造，所以就称它为利簋，也被称作"武王征商簋"。

3

城破之日，帝辛捶胸顿足，咬牙切齿地说："没想到，今日让你们两个小子看了我的笑话！武士，押着他们，跟我走！"

我劝谏道："大王，一时成败，算得了什么呢，现在我们应该逃出城去，跟东征的将领会合，然后杀他一个回马枪！难道您以为他们占了朝歌，就是亡了大商吗？"

"逃亡？亏你说得出口。你们是巫族的领袖，我是王族的领袖，王巫共治，现在成了王巫共逃，弃王城于不顾，你

利簋

通高28厘米，口径22厘米，重7.95千克。利簋器侈口，兽首双耳垂珥，垂腹，圈足下连铸方座。器身、方座饰饕餮纹，方座平面四角饰蝉纹。器内底铸铭文4行33字，记载了甲子日清晨武王伐纣这一重大历史事件。现藏于中国国家博物馆。

们不要脸，我还要脸呢！寡人知道你们是忠心的，但偏偏赶上这个节点，我排斥神权，加强王权，这也是必然举措，不会因为你们而改初衷，也不会因为亡国而生悔恨。委屈你们两兄弟了，陪本王走一程吧！"

子满忽然来了豪气："大王，我们自然要跟你共存亡，不要说走一程，就是走完全程，也是我们巫族应尽的本分！"

我捅了他一下："老弟，你恐怕天真过头了，他说的一程，恐怕是要拉着我们垫背了。"

"垫背？垫什么背？我们身为巫族，给大王垫垫背又怎么了？"

这个白痴简直要气死我。

帝辛听了，大为感叹："没想到，生死存亡之际，竟然是两个被我打击的巫族子弟陪我一起死，真是造化弄人！哈哈哈……"他先是一阵狂笑，然后是一阵冷笑。

"弄了半天，你是要我们陪你死啊？"智商不在线的子满终于回过味儿来，"昏王，你不听我老哥的劝谏，酿成今日这个局面，临了还让我们兄弟给你陪葬，你怎么这么不要脸呢！"

帝辛没空搭理我们，他着急忙慌来到鹿台。

这鹿台原是大商王朝的占卜灵台，建在王宫内最大神庙之内，因为帝辛驱逐了巫族，导致神庙断了祭祀，灵台无主，帝辛就把灵台改为鹿台，专门用来储藏王室的奇珍异宝。

为什么叫鹿台呢？这是因为鹿在古代被视为神物，代表吉祥、幸福和长寿。在大商，鹿骨已被用作占卜，有的鹿角还被刻上卜辞。而且鹿又可作"禄"解，代表着帝位。

鹿台是一座帝王之台，是商代的一处重屋——一种类似于太庙的建筑，用以观测天象、行政告朔、占卜军国大事吉凶、预测未来风云变幻等。

帝辛急匆匆登上鹿台，把橱子打开，无数天下珍奇异物从里面倾倒出来，帝辛一边往自己身上穿戴，一边随手掷到台下，意思是让我跟子满也佩戴一些，免得当个冤死鬼。

子满在台下可立不住了，破口大骂："昏王，你就是金雕玉砌又有何用？没想到你这个傲视天下的君王，竟然如此贪金爱银，简直像个妇人！无耻啊，丢脸啊。"

帝辛近乎咆哮："姬发才是无耻！他玩弄伎俩，窃我大商，我绝不能让这些珍宝落入他的手中，我要穿戴着它们自焚，让它们跟我一道化为飞烟。对，还有你们，子六、子满是吧，我不能让你们受辱，我要让你们死得光荣！"

我实在忍无可忍了:"大王,这都是你咎由自取!我们从武丁时代穿越到您这儿,原本是为了延长大商国祚,完成妇好遗愿。我天真地以为,我能劝谏你停止迫害忠良,再次实现以往的盛世,可是没想到你在错误的道路上不思悔改,以致有今日的败局。"

帝辛疯狂发笑:"王巫共治?死不悔改?哈哈哈,我从巫族手里好不容易争来的权柄怎么会轻易还回去?我怎么会选择俯首听命于巫族?我怎么会看祭司的脸色行事?"

这时候,残兵剩勇从外面抱来柴薪,一重重堆积在鹿台下面。

帝辛浑身上下被珠宝捂得严严实实的,最后下令道:"把这两个小子也架到柴堆上!快!"

武士听令,搬来数捆柴薪放在我们身下和四周。子满吓坏了,嚷道:"老哥,快想办法,这老小子要烧死咱们!"

帝辛凄然一笑:"我不一样也要被烧死吗?"

子满咧着嘴哭出来:"我不想死,我想回武丁时代,我还没毕业呢,我要是能不死,我一定听妈妈话,按时完成老师作业,不调皮,不捣蛋,

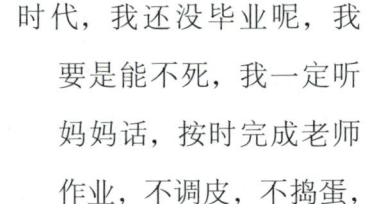

做个三好学生！呜呜呜……"

"老弟，现在说什么都晚了。"我绝望地说，"当初不就告诉过你嘛，咱们这次过来，必然凶多吉少。"

此时，又有武士跑进来禀告："大王，周军士卒已闯入宫门，很快就会来到鹿台。"

帝辛深吸了一口气，望了望这座富丽堂皇的鹿台，又瞅了瞅自己浑身上下的珠光宝气，又瞅了瞅唉声叹气的两位巫族忠臣，突然仰天大笑，说道："点火！"

武士们把台下的柴薪点燃，由于柴薪上撒了清油，一经点燃，火势便如龙腾虎跃一般，烈焰蹿上高台，仿佛火蛇一般，狂吐着火信，要把当前的一切吞噬殆尽。

帝辛端坐在鹿台之上，面无惧色，任凭火焰肆虐，直到火海将其笼罩，在烈火之中化为乌有，我们在高台之下也没听到任何哀号和求救之声。

武士也点燃了我们身下的柴薪。火苗裹挟着浓烟很快将我们笼罩，我们感觉火舌在我们身上窜走，我们的皮肤开裂，灼烧的感觉就像占卜时烧红的树枝插入钻凿的孔眼似的。

子满挣扎得渐渐没了力气，最后含混不清地说："老哥，我先走一步了，希望来世还能跟你做兄弟！"

我的泪水已烤干，只能用眼神紧紧地盯着子满，仿佛在说："来世还做兄弟！"

火势愈加猛烈，一片红光遮天蔽地，我们的呼吸越来越急促，最后我们慢慢闭上了眼睛，忘记了眼前这个世界。

突然，一道白光劈开红色的火障，火魔在白光的逼迫下，畏缩潜伏。

我跟子满在白光的照耀下，在热浪未熄、火光犹盛的侵逼下，终于昏过去了。

第12章

尾声

秦王政元年，洞庭郡，迁陵县。

一个洪亮勇武的声音喊道："保卫咸阳，人人有责！迁陵县发卒戍守咸阳，希望大家踊跃参加，为本里增光添彩！嘿！我说你们两个小子，还不起来入伍，去博取爵位功名，终日里睡大觉有什么出息！"

我跟子满睡得正香，忽然有人过来叫我们。他们把我们拖到阳光下，暴烈的光芒透过眼帘射入我们的眼中，一道白光刺入脑海。

我诧异地摸了摸我的脸，又拉过子满来，上下仔细看了一个够。子满也觉得不可思议，兴奋地打量着这个崭新的世界。

"老哥，咱们没被烧死，你看我这全须全尾，你也没缺胳膊短腿，咱们还活着，咱们还活着！"子满抱着我，试图把我抱起来。

是啊，经过一番真切的火焚经历，我认为我们再次穿越了。

眼前这个世界，眼前这些人的装束，一时之间让我难以判断到了哪个朝代。不过他们说征兵入伍，去保卫咸阳。我似乎明白了，这是到了大秦王朝了。

我连叹倒霉，刚脱离火海，又要遭遇兵灾。我们这是得罪谁了，一难接着一难，简直就是九九八十一难，没完没了啊。

不过，乐观的子满说了一句话，让我豁然开朗。

"老哥，既来之，则安之，当兵总比烧死强！"

"也是，那咱哥儿俩就当兵去——"

请看下集《我在秦朝当士卒》。

后记

　　曾几何时，随着安阳殷墟的考古不断深入，一位在商代中期叱咤风云的女性变得家喻户晓。她就是商王武丁的王后之一，妇好。

　　商朝的历史短也不短，不短也短。什么意思呢？

　　说它不短，是因为经过帝系的推算以及相关史料的考证，商朝的国祚怎么算也得五百多年。五百多年的朝代，放到古今中外，都不算短命王朝。

　　可又为什么说其短呢？那是因为可证实的史实太少了，尤其是经由考古而可证明的史实少之又少，所以从这个角度看，商朝较之后期的周、秦、汉、唐等浩如烟海的史料典籍，真称不上丰富，因此又是短的。

　　然而，在这"很短"的商朝历史中，偏偏有一位传奇女性占据了大大的篇幅。就是这位富有传奇色彩的伟大女性——妇好。

　　妇好，是商王武丁的王后。商王武丁是商朝中期一个非常重

要也非常伟大的王。他崇尚武功，开疆拓土，不但使原本衰颓的国运复兴，还使商朝的疆域达到了一个新的高度。因此跟他也被称为商朝的中兴之主。

考其史实，不得不说，武丁的中兴大业，背后原有几位非凡女性的影子，尤其是妇好，更是靓丽多姿。这从她的出土墓藏中可以得窥一二。她能够同时挥动两把重达10公斤的铜钺，不输男子；甲骨文中还记载，她一生征伐九十余次，毫无败绩。这种战绩放到中国五千年的历史长河中，也并不多见。

小说选取妇好作为背景之一，也是看中了她的赫赫战绩以及她对商朝历史发展的巨大影响。她在商朝历史上，是可以比肩于商汤、盘庚、武丁等几位有名君王的重要历史人物。

一位女性能够在当时的历史局限下，获得如此令人惊艳的丰功伟绩，绝对离不开商王武丁的信任和支持。于是可以想见，他们夫妻伉俪情深，互相倚重，为了共同的事业而贡献各自的热血和才能。

武丁在历史上是有名的尚

尾声

武之君，他四方征伐，连年有战，在漫长的战争岁月中，跟妇好培养出了夫妻感情之外的战友、同盟、信仰的情谊，一生牢不可破，历久弥坚，从妇好死后的陪葬器物上就可看出，武丁是倾其所有来爱，或称为欣赏，或称为钦佩，或称为膺服，他的这位战功赫赫的王后的。

甲骨文记载，妇好活了33岁，在鲜花正盛的年纪，就陨落为尘。不管是因为难产，还是因为战争中所受的创伤，对武丁来讲，都是无比沉痛的悲伤和损失。他对她深沉的爱并没有因为她的去世而中止，反而是越来越炽热，通过一系列重大的祭祀活动，来表达他的无以复加的爱恋和尊崇。

商朝是个重祭祀的朝代，各种祭祀充斥于朝堂和平民的日常生活。对于商人来讲，没有占卜就不会生活，没有祭祀生活便没有意义。

为了能让妇好的征伐胜利，为了能让妇好生活顺利，武丁每每都要郑重其事地为她占卜；为了让妇好死后的灵魂安息，为了能够让死去的妇好仍然能够陪伴于他，他把妇好的墓修在自己的宫殿旁边，并为她搜罗了大量的珍宝来作为陪葬品。

更让人出乎意外的是，他通过重大的祭祀活动，把自己心爱的人嫁给了自己的三位无比重要的祖先，这在商代来讲绝对算得上是无上的死后荣光，妇好能以女性的身份享此殊荣，可见武丁对她的看重和深情厚意。

除了军事上对妇好的倚重，武丁还让妇好充当王朝的大祭司，负责一国上下最为重要的祭祀活动。妇好如此便掌握了商朝最重要的神权，地位更加崇高，同时，她也以自身的智慧和精神力量，发挥着对君王和国事的强大影响力。

在商代，国家大事唯祀与戎。祀就是祭祀，戎就是军事战争。这句话的意思是商朝认为是国家大事的事情，只有祭祀和战争。这两方面，妇好都站到了时代的巅峰，成为一个时代的无上传奇，不但为当时所讴歌，也为后世所传颂。

小说中，子六和子满受到妇好的青睐，并去执行妇好的嘱托，也是为了彰显这位传奇女性在当时背景下的独特地位和独特作用。

在商朝的历史上，妇好是绕不过去的一座丰碑，而且是一座空前绝后的女性丰碑，这给动辄大搞恐怖祭祀的商朝画上了一抹女性柔美的色彩，真是不可多得的一件事。

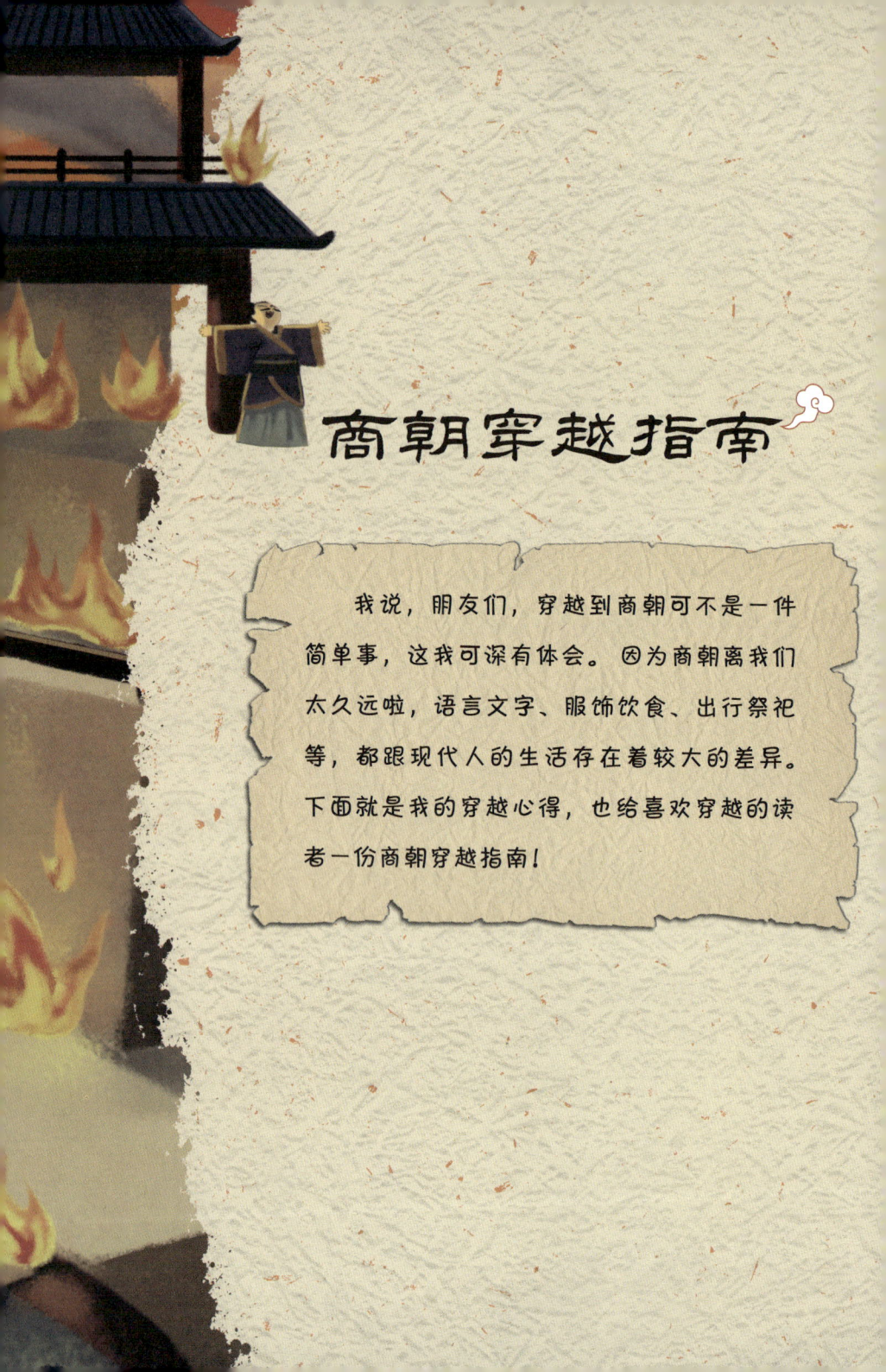

商朝穿越指南

　　我说，朋友们，穿越到商朝可不是一件简单事，这我可深有体会。因为商朝离我们太久远啦，语言文字、服饰饮食、出行祭祀等，都跟现代人的生活存在着较大的差异。下面就是我的穿越心得，也给喜欢穿越的读者一份商朝穿越指南！

商朝的文字

商朝人不说普通话,如果见面了,你跟他们说"你吃了吗?"他们绝对不会理你。他们更不写简化字,而是使用甲骨文。

甲骨文因镌刻、书写于龟甲与兽骨上而得名,为商朝通行的文字,也是我们能见到的、有文物可考的最早的成熟汉字。

甲骨文最早被发现于河南安阳的一个小村子,当时被当作包治百病的药材"龙骨"送往北京,引起晚清官员、金石学家王懿荣的重视,才得以重光于世。

甲骨文已经具备了对称、稳定的格局，也具备了书法的三个要素，即用笔、结字、章法。汉字的"六书"原则，在甲骨文中都有所体现。

> 这些甲骨文好奇怪，谁认得出啊？

> 我知道，上面刻着红烧豆腐。

> ……

甲骨文所载的内容，大部为盘庚迁殷至纣王间二百七十年之卜辞，诸如对渔捞、征伐、耕种、采集、祭祀等重大活动的占卜情况。至于如何占卜，书里面说得已经很清楚了，我就不再啰唆了。

商朝的服饰

　　商朝人的服饰绝非我们想当然认为的那样原始和蒙昧，虽然年代久远，却是非常流行和考究的。他们上身穿的叫作"衣"，下身穿的叫作"裳"，后世称服装为"衣裳"，便是源于此。华夏民族"上衣下裳，束发右衽"的服饰特点，也是在商朝奠定的。

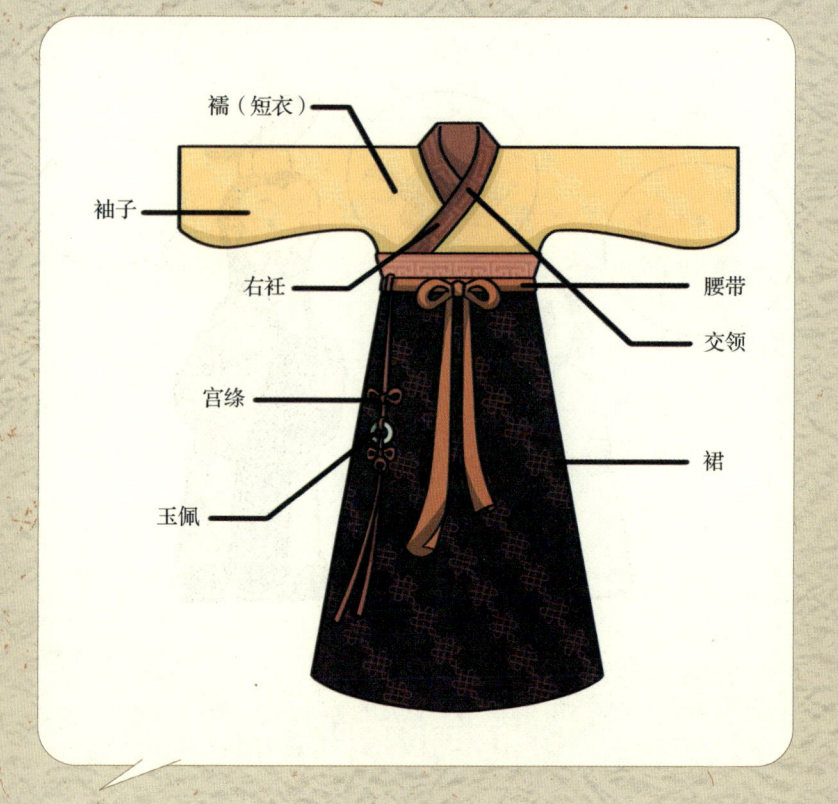

衣服图示标注：
- 襦（短衣）
- 袖子
- 右衽
- 宫绦
- 玉佩
- 腰带
- 交领
- 裙

　　商朝服饰的用色，贵族的上衣尚青、赤、黄等纯正之色，下裳多用间色，如缊、赭、绿等经过数次浸染的颜色，日常家居则常穿缟衣、绿衣和缁衣。

　　平民百姓的衣服就没有那么丰富多彩了，是以黑灰色调为主的寻常衣料。

商朝穿越指南

商朝人喜欢佩玉，并且有着严格的玉佩制度，用以区别阶级和等级。玉鱼是商朝人最常佩戴的玉器，当然还有各式各样的小动物玉佩可供选择。

商朝的祭祀

　　商朝人最重祭祀，鬼神观念浓厚。他们相信万物皆有灵，大自然的方方面面都值得敬畏，其中最大的神祇就是"帝"。"帝"在商人心目中，地位最高、权力最大，不仅是上天的主宰，也是社会秩序的主宰。于是就形成了"一元"（帝）加"多神"（自然神祇）的商人信仰模式。

　　"巫"在商人的社会中占据了很高的地位。"巫"是连通"帝、万物之灵"与人类生活的崇高媒介，打通了天神、地、

人鬼三者的通道，具备绝对的权威，在商朝的政治格局中成为能够跟王者并驾齐驱的力量。"巫"存在于商人生活的各个环节，"好祀""重祀"之风在商朝十分浓重。

商朝穿越指南

祭祀是商人寻常生活中非常重要的环节，上至国家，下到平常百姓人家，一年到头都有数不清的祭祀活动，既要跟随国家完成大祭，又要完成家庭的小祭。

祖先保佑啊！

大王，吉兆！

商朝的青铜器

商朝文明的标志之一就是青铜器。从商朝出土的文物来看，商朝的青铜器主要包含礼器和兵器两种，无论是出土的数量还是质量，商朝青铜器无疑都是青铜时代的巅峰。

青铜礼器以鼎、簋、觚、爵、斝为主；

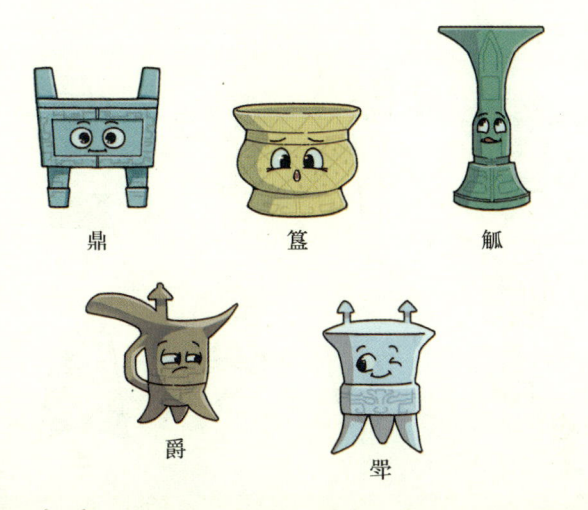

| 鼎 | 簋 | 觚 |
| 爵 | 斝 |

兵器以戈、矛、钺、刀、镞为主；

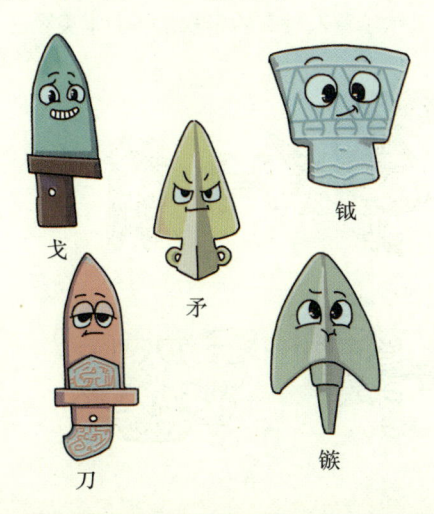

| 戈 | 矛 | 钺 |
| 刀 | 镞 |

商朝穿越指南

还有青铜工具，如锛、凿、斧、锯、铲；青铜乐器，如铙、铃、钲等。

锛　凿　斧　锯
铲　铙　铃　钲

这些青铜器形制丰富多样，纹饰繁缛神秘，风格夸张而神秘，反映了商人特有的宗教情怀和审美观念。

凤鸟纹　蝉纹　龟纹
夔龙纹　兽面纹

商朝的出行

商人出行，主要有三种方式：轿、车和舟。

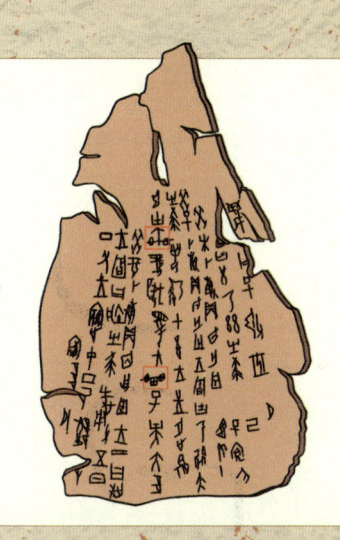

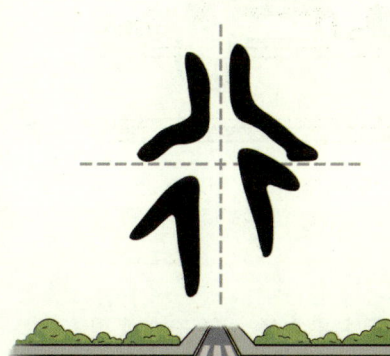

商朝的王都里已经修建了很好的道路。最宽的道路达24米，双向多车道；路面用碎陶片合土填铺，结构坚实；路旁还有人行道。

商朝穿越指南

《尚书》这部记载上古历史的典籍曾经记载，箕子在商朝灭亡后见到了周武王，向其夸耀商的"王道"的正、直和平坦。除了"王道"，王都和各地之间都修造了快捷而各有规制的道路，方便行使政令。

商朝的王族和贵族出行主要乘轿。轿子在我国有着四千多年的历史，最早起源于夏朝。轿子靠人扛着走路，前后左右四个人。不过轿子是尊贵阶层才用得起的交通工具，普通人是负担不起的，也不允许平民乘轿。

　　车有马车、牛车两种。马车并不常见，多用于重要的事或战争；牛车则日常可用。据说商人的祖先王亥发明了牛车。

　　商人偶尔还用象车。商朝的时候，中原地区有象生存，河南省的简称"豫"字，就是证据。大象是非常重要的人类帮手，既可以驮载人物，又可以训练作战。

　　舟是商代主要的水上交通工具。甲骨文中的"寻舟"即循舟，指舟在水中顺流而行。

商朝的饮食

商人的饮食，可谓非常丰富。

主食主要有粟、黍、麦、稻。其中粟，也就是现在的小米，是国家战略储备粮食。

此外，肉食非常普遍，种类跟现在差不太多。

值得一提的是，鸡蛋和鱼类已经进入商人的菜谱，成为当时人们获得优质蛋白质的重要来源。

商人的酿酒技术很发达，商朝的酒，一则用来祭祀，一则用来居家宴饮和招待亲朋。

酒的种类很多，有酒、醴、鬯、果酒等。

其中酒是由粟酿造的，是社会上流通最广的一种酒；醴是一宿而成的米酒，度数较低，如同甜酒；鬯是用黍酿造的，属于高档酒，多数为商朝贵族所用，用于祭祀等重要场合。鬯又分为两种：一种是专用黍酿造的，不加入郁金香，称为秬鬯；另一种是加入郁金香来酿造的，尤其贵重，称为郁鬯；果酒是营养酒或滋补酒。

  传说中商代最后一任君主纣王有"酒池肉林"供其享乐，虽然是杜撰，但是也能从侧面反映出商代酿酒技术的发达。

商朝的住所

　　商王住在宫殿里。宫殿的台基平面呈长方形，表面排列着整齐的柱穴，柱穴间距在两米左右，柱础为石质，有的用料浆石砸成。大的宫殿有两千多平方米，小的有一百多平方米。

　　商代平民居住在三间相连、保存完整的排屋里。三房之间，无内门沟通，均朝南开门。中间房子面积最大，为东西长方形，是正房。左、右两边房子近方形，面积小，是偏房。三间房的面积约三十五平方米左右。现在看来算是小户型了。

　　奴隶或工奴的住所为半地穴。形状为圆形、方形或椭圆形。直径在两米至七米之间，深度在一米至六米之间。底部较为平坦，有的设有石础，还有上下的台阶。